전쟁은 일어나지 않는다는 착각

전쟁은 일어나지 않는다는 착각

이진우 지음

우크라이나전쟁, 그리고 평화가 당연하지 않은 미래

H

"그대들은, 전쟁조차 신성하게 만드는 것이 좋은 명분이라고 말하는가?
나는 그대들에게 말한다. 모든 명분을 신성하게 만드는 것은 좋은 전쟁이다.
이웃 사랑보다는 전쟁과 용기가 위대한 일을 더 많이 했다.
지금까지 불행에 처한 사람들을 구해낸 것은 그대들의 동정이 아니라
그대들의 용감함이었다."

프리드리히 니체, 《차라투스트라는 이렇게 말했다》, 〈전쟁과 전사들에 대하여〉

왜 누구도 우크라이나전쟁을 예측하지 못했는가

"깨어나보니 다른 세계였다." 이 말은 2022년 2월 24일 러시아의 우크라이나 침공의 의미를 가장 극적으로 표현한다. 우크라이나전쟁은 분명히 시대전환의 기호가 될 것이다. 시대전환이란 그 이전의 세계와 그 이후의 세계가 극명하게 갈라지는 역사적 변화를 의미한다. 오늘의 삶이 내일도 계속되리라 확신할 수 없을 정도로 모든 것이 너무 빨리 변하는 현대사회에서 '시대전환'은 식상하고 진부할 수도 있다. 코로나(COVID-19) 팬데믹이 2년 넘게 우리 사회를 휩쓸고 있는 지금 많은 사람이 '코로나 이전(B.C., Before Corona)'과 '코로나 이후(A.C., After Corona)'를 즐겨 구별하지만, 사회를 움직이는 근본적인 흐름은 여전해 보인다. 팬데믹과 함께 찾아온 우크라이나전쟁이 역사의 방향을 바꿀 것이라는 이야기가 많지만, 전쟁은 그 이전에도 있었고 이후에도 있을 것이다. 그렇다면 '깨어나보니 다른 세계'라는 말은 전쟁의 충격을 과장한 것일까?

이 책은 우크라이나전쟁이 세계의 지정학적 질서를 바꿔놓을 뿐 아니라 문명의 흐름에 지대한 영향을 줄 것이라고 이야기한다. 우크라이나전쟁을 계기로 우리는 익숙했던 많은 것과 결별해야 할 것이다. 제2차 30년전쟁이라 할 수 있는 제1, 2차 세계대전을 겪은 후 우리는 전쟁은 점점 줄어들고 있고 그사이 세상은 더 평화로워졌다고 믿었다. 1945년 이후의 냉전에도 불구하고 강대국들 사이에 비교적 '오랜 평화'가 지속했고, 냉전이 끝난 뒤에는 전쟁, 대량학살, 테러리즘의 양적 감소로 '새로운 평화'가 도래했다고 생각했다. 전쟁을 덜 걱정하고 평화를 당연하게 생각하는 평화주의가 우리 삶을 지배하게 되었다. 갈등의 성격이 어떠하든, 그리고 그것이 개인 간 갈등이든 국가 간 갈등이든 간에 폭력이 아니라 협상과 타협을 통해 이성적으로 해결해야 한다는 제도적 평화주의가 당연한 규범으로 자리 잡았다.

평화주의에 취해 있었을까? 수많은 징후와 거듭된 경고에도 불구하고 사람들은 우크라이나전쟁의 가능성을 믿지 않았다. 유엔사무총장 안토니우 구테흐스(António Manuel de Oliveira Guterres)가 우크라이나 위기로 소집된 유엔 안전보장이사회 긴급회의에서 고백한 것처럼 많은 사람이 전쟁과 같은 심각한 일은 일어나지 않으리라 확신했다. 그들은 미국제국과 중국제국의 갈등과 충돌로 '냉전 2.0'의 시대가 도래한다는 예견은 수긍하면서도 '실제 전쟁'의 가능성은 부정했다. 냉전 시대가 오히려 유례없이 긴 평화 시기였다는 사실에 기만되어 우리는 핵전쟁의 위협을 망각하고 평화의 시대가 영원히 지속할 것처럼 착각한 것은 아닐까? 모든 갈등을 평화적으로 해결할 수 있다는 '평화의 패러다임'이 지배적인 시기에 우크라이나전쟁이 발발한 것이다.

한 나라가 다른 주권국가에 간섭하거나 무력으로 침공하는 것은 분명 식민주의적 침략이다. 러시아 대통령 블라디미르 푸틴(Vladimir Putin)의 우크라이나전쟁은 이론의 여지가 없는 불법행위이다. 전쟁이 피할 수 없는 인간의 조건이라면, 참혹하기 그지없는 전쟁을 어느 정도 '인간적'으로, 즉 '이성적'으로 규제하기 위해 만들어낸 이념이 바로 '정의로운 전쟁'이다. 전쟁의 도덕적 현실은 두 부분으로 나뉜다. 전쟁 선포의 이유가 정당해야 하며, 전쟁 수행의 수단이 정당해야 한다. 이렇게 전쟁은 두 번 도덕적 판단의 대상이 된다. '전쟁의 정의(jus ad bellum)'가 전쟁을 하는 이유와 관계가 있어 형용사적이라면, '전쟁에서의 정의(jus in bello)'는 전쟁의 방법과 연관이 있어 부사적이다. 전쟁의 이유가 정당하지 않으면 정의롭지 않은 전쟁이며, 예컨대 군인과 시민을 구분하지 않고 사살하는 방법을 쓰면 정의롭지 않은 전쟁이다. 푸틴의 우크라이나전쟁은 누가 보더라도 '부당한 방법으로 수행하는 부당한 전쟁'이다.

우크라이나전쟁은 오랫동안 유지되었던 '정의로운 전쟁'의 이념을 파괴했다. 전쟁을 선포하고 수행하려면 합당한 이유가 있어야 하는데 우크라이나를 나치로부터 해방한다는 명분도 어처구니없고, 폐허가 된 도시의 모습과 거리에 널브러져 있는 시신들은 전쟁범죄를 증언할 뿐이다. 물론 이런 전쟁의 윤리가 전쟁을 실제로 막지는 못하지만, 국제법과 국제협약은 '전쟁할 권리'를 제한함으로써 평화를 유지한다. 러시아는 정당한 이유 없이 우크라이나를 침공함으로써 '강자의 권리'가 국제정치의 핵심이라는 점을 분명하게 드러냈다. 우리는 이제 국가 이익을 위해서는 명분보다 실리, 대화보다 갈등, 평화보다 전쟁이 선호되는 새로운 시대로 진입한 것이다.

*

무엇이 전쟁의 현실인가? 그것은 누구의 정의인가? 우리는 이 물음에 성급하게 대답하지 않으려 한다. 이 책은 이 물음에 답할 수 있는 관점을 조심스럽게 탐색한다. 반전시위와 평화운동으로 전쟁을 막을 수 없다는 것은 확실하다. 전쟁이 인류 문명사에서 어떤 의미였는지부터 시작하여, 전쟁을 막고 평화를 구축하려는 사상과 시도로 어떤 것이 있었는지 살펴볼 것이다. 한 가지 분명한 사실은 전쟁을 잊을 때 전쟁은 더욱 냉혹한 손님으로 우리를 찾아온다는 것이다. 평화의 시대가 전쟁의 기억을 억압했지만, 억압된 것은 언젠가 다시 더욱 맹렬하게 표출된다는 것이 지크문트 프로이트(Sigmund Freud)가 제시한 진리다. 진정한 평화론자는 전쟁을 진지하게 받아들인다. 싸울 능력이 있는 자만이 평화를 생산한다. 전쟁의 위험성을 애써 외면하면서 전쟁할 능력을 키우지 않는 사람은 평화를 얻지 못한다.

우크라이나전쟁은 우리에게 실존적 결단을 요구한다. 어떤 가치를 위해 어떻게 싸울 것인가를 결정해야 한다. 자유주의와 권위주의, 민주주의와 전체주의, 자유와 질서가 대립하는 상황에서 이루어지는 문명의 충돌은 전쟁의 가능성을 높인다. 우리는 우크라이나전쟁이 세계질서에 어떤 결과를 가져올지 모른다. 유라시아 동쪽 끝에서 두 개의 중국을 대변하는 '대만'과 남북으로 갈라진 '한국'이 어떤 영향을 받을지 불투명하다.

투키디데스(Thukydides)의 말처럼 인간은 다가올 위험을 미리 예측할 수 있는 경우가 많았지만 대부분 '어리석음' 때문에 번번이 돌이킬 수 없는 재앙을 불러올 생각에 빠지곤 한다. 투키디데스는 또한 신흥 세력의 부상에 따라 지배세력에 스며든 '두려움' 때문에 전쟁이 일어난다고 말한다. 그렇지만 전쟁이 두려워 준비하지 않기 때문에 전쟁이 일어나는 것은 아닐까? 전쟁의 원인이 어리석음이든 두려움이든, 우리는 전쟁이라는 문제를 직시해야 한다. 그것이 너무 오랫동안 강대국에 둘러싸여 살아서 강대국에 대적하는 대신 오히려 강대국의 입장에 동조하는 스톡홀름증후군에서 벗어나는 길이다. 이 책이 제국전쟁의 위태로운 시대에 우리의 길을 찾는 데 조그만 도움이 되기를 기대한다.

2022년 어느 잔인한 봄날
창리 서재에서
이진우

차례

프롤로그 왜 누구도 우크라이나전쟁을 예측하지 못했는가 6

1장 우크라이나전쟁, 세계를 분열하다 15

2장 전쟁 또한 정치적 수단이다 33

3장 위대한 철학자들의 전쟁론과 평화론 55

4장 전쟁은 왜 일어나는가 79

5장 전쟁을 일으킨 푸틴, 전쟁의 의미를 바꾼 젤렌스키 105

6장 러시아의 유라시아주의와 지정학적 혁명 127

7장 우크라이나전쟁은 제3차 세계대전의 서막인가 155

에필로그 전쟁을 마주하는 철학자의 딜레마 182

주 197

1장

우크라이나전쟁, 세계를 분열하다

우크라이나전쟁과 코로나 팬데믹의 연결

2022년 2월 24일 러시아 대통령 푸틴이 내린 이른바 "특별 군사 작전" 개시 명령 선포에 따라 러시아가 우크라이나를 전면 침공함으로써 세계는 마침내 분열되기 시작했다. 전쟁은 언제나 예측하지 못한 시점에 우리를 엄습한다. 누구도 우크라이나 갈등이 제3차 세계대전의 폭발적 잠재력을 가진 전쟁으로 비화할 것이라고 예견하지 않았다. 우크라이나 위기를 논하기 위해 긴급 소집된 유엔 안전보장이사회에서 행한 연설에서 안토니우 구테흐스 유엔 사무총장은, 전쟁이 발발하기 전 "우크라이나에 대한 공격이 임박했다는 수많은 소문과 조짐"이 가득했지만 "나는 그것을 믿지 않았고 심각한 일이 일어나지 않을 것이라고 확신"했다고 고백했다. 그는, 스스로 인정한 것처럼, 틀렸다.

우리의 예측이 틀렸다는 것은 전쟁이 '우연히 그리고 갑자기' 일어났다는 사실만을 강조할 뿐이다. 전쟁이 발발하고 난 후에야 사람들은 전쟁이 일어날 수밖에 없는 필연적 이유를 찾아 나서지만, 인간의 행위와 그것으로 이루어진 인류의 역사에서는 필연보다 우연이 훨씬 더 커다란 힘을 발휘한다. 어떤 정치학자와 사회학자도 베를린장벽의 붕괴와 독일 통일을 예견하지 못했던 것처럼, 전쟁을 예견한 사람은 많지 않다. 전쟁이 실제로 일어난 후에야 비로소 전쟁을 예견하는 어처구니없는 일이 반복된다.

우크라이나전쟁이 발발하자 수많은 시나리오가 제시됐다. 러시아가 우크라이나 동남부의 갈등 지역 루한스크(Luhansk)와 도네츠크(Donetsk)를 정복하여 궁극적으로 합병할 것이라는 시나리오부터, 오랜 시간에 걸쳐 우크라이나를 점진적으로 정복해가는 '살라미 전술(salami tactics)'(이탈리아 소시지 살라미(salami)에서 따온 말로, 어떤 과제를 세분화해 하나씩 쟁점으로 만들고 해결해나가는 전술)을 쓸 것이라는 시나리오를 거쳐, 우크라이나를 전면적으로 단숨에 정복하여 친러시아 괴뢰정권을 세울 것이라는 시나리오까지 전쟁의 미래에 대한 예측은 다양하다. 전쟁이 어떻게 진행되고 끝날지에 관한 예측은 다양하지만, 대부분 전쟁이 오래가지 않고 우크라이나는 패배할 것이라는 데 견해가 일치하는 것처럼 보였다.[1] 예측은 또 빗나갔다. 우크라이나의 저항은 생각보다 거세고 전쟁은 생각한 것과는 다르게 진행되고 있다. 전쟁이 계속될수록 제3차 세계대전의 암울한 예측이 짙어진다.

우크라이나전쟁은 우연히 발발했을지 모르지만, 그것이 미래사회에 가져올 엄청난 변화는 필연적이다. 우크라이나전쟁이 초래할 미래의 변화를 파악하려면, 우리는 전쟁이 발발한 현재 상황을 직시해야 한다. 우크라이나전쟁은 코로나 전염병 한복판에서 터졌다. '전쟁과 전염병의 연결'은 우리의 미래를 어쩌면 혁명적으로 바꿔놓을 것이다. 과거에도 전쟁과 전염병은 항상 불행의 짝으로 등장했다. 전쟁이 휩쓸고 간 뒤의 열악한 환경은 전염병이 세차게 일어나 걷잡을 수 없이 퍼질 수 있는 좋은 조건이었다. 마치 자연법칙인 것처럼 전쟁 이후에는 항상 전염병이 돌았다.

21세기에는 두 사건의 순서가 바뀌었다. 오랫동안 지속하고 또 지속할 것이라 믿었던 평화의 시기에 코로나 팬데믹이 발발했으며, 세계적 전염병이 여전히 우리의 삶을 지배하고 있는 순간에 우크라이나전쟁이 터진 것이다. 그 순서가 어떻든 간에 '코로나 전염병과 우크라이나전쟁'은 역사와 문명의 전환점이 될 것이다.

2019년 12월 중국 우한에서 발병한 코로나가 2022년 발발한 우크라이나전쟁과 도대체 무슨 관계가 있는가? 중국 우한 중앙병원의 안과의사 리원량(李文亮)은 2019년 12월 30일 다른 의사들로부터 중증급성호흡기증후군(SARS, 사스) 의심환자에 대한 내부 진단

보고서를 받고 소셜미디어 위챗을 통해 우한대 동문과 공유했다. 이후 치명적인 사스 발병에 대한 소문이 중국 소셜미디어 플랫폼으로 퍼져나갔다. 우한 경찰은 확인되지 않은 사스 발병에 대해 인터넷에 허위 댓글을 남겼다는 이유로 그를 소환하고 질책했다. 당국은 틀렸고, 소문은 현실이 되었으며, 심지어 세계적 전염병이 되어 여전히 우리를 괴롭히고 있다.

우한에서 발병하여 전 세계를 휩쓸고 있는 코로나 전염병은, 물론 우크라이나전쟁의 원인이 아니다. 여기서 더 중요한 것은 원인보다는 결과다. 2020년 이래 3년째 계속되는 코로나 전염병은 우크라이나전쟁이 발발한 2022년 2월 기준 세계적으로 거의 5억 명을 감염시켰고, 약 600만 명의 사망자가 발생했다. 1918년 제1차 세계대전 때 발병한 스페인독감의 감염자가 당시 세계 인구의 3분의 1인 약 5억 명이었다는 점을 생각하면, 코로나 전염병의 위력을 상상할 수 있다. 그동안 발전한 의료기술과 방역 조치 덕분에 사망자 수는 훨씬 적지만, 코로나 전염병이 가져올 사회적 변화는 스페인독감보다 훨씬 클 것이다. 많은 사람이 코로나 이후의 사회는 그 이전의 사회와는 완전히 다를 것이라고 예측한다. 스페인독감이 제1차 세계대전이라는 최초의 글로벌 전쟁 결과였다면, 코로나 전염병이 미래사회에 미칠 결과는 세계대전이 초래한 변화에 못지않거나 오히려 더 클 것이다.

우크라이나전쟁이 발발한 지금 우리는 포스트코로나 사회의 변화를 이미 경험하고 있다. 포스트코로나 사회는 어떤 점에서 그 이전의 사회와 다른가? 코로나 전염병으로 촉발된 사회의 변화는 도대체 무엇인가? 지난 2년의 경험은 이러한 변화가 사실 코로나가 발병하기 이전부터 진행한 '메가트렌드의 가속화'라는 점을 분명하게 말해준다. 시대적 메가트렌드라고 할 수 있는 역사적 경향은 세 가지다. 첫째는 중국제국과 미국제국의 패권경쟁으로 인한 세계경제의 탈동조화이고, 둘째는 인공지능과 같은 첨단기술의 발전으로 인한 생활의 디지털화이며, 셋째는 자원과 기술이 안보의 중요 수단이 됨으로써 국가의 기능이 집중되는 권력의 집중화이다.

포스트코로나 사회는 이러한 경향을 강화하고 가속화할 것이다. 그 결과는 세계화 시대의 종말과 그로 인한 세계의 대분열일 것이다. 한때 지구촌 공동체라는 말이 당연하게 여겨질 정도로 세계화는 국제적 상호의존도를 높여 국경의 의미를 무색하게 만들었다. 세계의 공장으로 불리는 중국에서 만들어진 값싼 상품은 전 세계 소비자들을 충족시켰다. 세계는 그야말로 하나의 시장이었고 필요한 물품과 상품은 자유무역을 통해 적시에 공급되었다. 그물처럼 얽혀 있는 공급망과 상호의존의 네트워크를 단숨에 끊어놓은 것이 바로 코로나 전염병이었다. 세계의 공급망은 무너지거나 크게 흔들리고, 적기 공급 생산방식은 조정되고, 자원의 확보와 축적은 안보의 문제가 된다.

지금도 고수되고 있는 중국의 봉쇄정책이 말해주는 것처럼 국가는 이제 보건안보의 이유로 외부세계와 의도적으로 단절한다. 세계화의 혜택을 가장 많이 받아 강력해진 중국이 탈세계화의 원인이 되었다는 것은 역사의 아이러니다. 세계 제2의 강국으로 부상한 중국은 더 이상 미국이 주도하는 세계질서를 따를 생각이 없다. 모든 면에서 곧 미국을 추월할 수 있다고 확신하는 중국은 '일대일로(一帶一路, One belt, One road)'를 통해 독자적인 세계질서를 구축하고자 한다. 중앙아시아와 유럽을 잇는 육상 실크로드와 동남아시아와 유럽, 아프리카를 연결하는 해상 실크로드를 구축하겠다는 내용의 '일대일로' 구상은 중국의 제국주의적 야망을 드러낸다.

이러한 탈세계화 경향은 코로나 전염병이 발발하기 전부터 이미 있었다. 많은 사람이 여전히 세계화와 그로 인한 평화에 취해 있을 때, 미국과 중국의 패권경쟁은 이미 세계를 분열시키고 있었다. 미국의 정치학자 그레이엄 앨리슨(Graham Allison)은 2017년에 출간한 저서《예정된 전쟁》에서 투키디데스의 함정을 언급하며 "중국과 미국은 지금 전쟁이라는 정면충돌을 눈앞에 두고 있다"[2]라고 진단한다. "하나의 강대국이 다른 강대국을 밀어내겠다고 위협할 때 전쟁은 거의 항상 그 결과"[3]라는 것이 투키디데스의 함정이다.

그런데 중국이 아닌 러시아가 투키디데스의 함정에 빠졌다. 인간

행위에서 결정적인 요소는 희열이기보다는 공포와 두려움이다. 새롭게 부상하는 세력이 현 지배 세력에게 두려움을 불러일으킬 때 전쟁은 필연적이다. 우크라이나전쟁에서 누가 두려움을 느끼는지는 나중에 자세히 살펴보겠지만, 패권경쟁이 초래한 두려움이 세계를 분열시키고 있다는 점만은 분명하다. 우크라이나를 공격하기 전에 러시아의 푸틴과 중국의 시진핑(習近平) 사이에 협의가 있었으며 전쟁 이후 중국이 러시아 편을 든다는 사실에서 우리는 세계가 두 세력으로 분열되고 있음을 알 수 있다. 미국과 유럽을 중심으로 한 자유민주주의 세력이 중국과 러시아를 중심으로 한 권위주의적 독재 세력과 대립하고 있다.

우크라이나전쟁이 두 세력 간의 제3차 세계대전으로 비화할지는 의문이다. 그 잠재적 가능성이 클 뿐 아니라, 우크라이나전쟁이 어떻게 끝나든 두 세력의 대립은 앞으로도 지속될 것이다. 우리는 여기서 우크라이나전쟁의 의미를 파악해야 한다. 코로나 이전부터 존재했던 탈세계화의 경향은 코로나 전염병으로 가속화되고, 코로나로 인한 세계의 분열은 우크라이나전쟁으로 고착될 것이다. 그것이 우리의 세계를 어떻게 바꿔놓을지는 여전히 안개 속처럼 불투명하다.

'피에 젖은 땅'과 지정학적 대분기

평화의 시기가 이상하리만치 오랫동안 이어지는 동안에도 전쟁의 가능성을 점치는 사람들이 있었다. 만약 제3차 세계대전이 발발한다면 어디에서 일어날 것인가? 에너지 문제가 심각하게 대두될 때는 화석연료를 둘러싼 치열한 투쟁이 이루어지는 중동이 폭력적 전쟁의 화약고였다. 북한의 김정은이 2017년 미국 본토를 타격할 수 있는 대륙간탄도탄 ICBM(Intercontinental Ballistic Missile)을 시험 발사했을 때는 제3차 세계대전의 문턱에 다다랐다는 경고 기사가 많았다. 어떤 사람은 대만을 무력으로 통일하려는 중국의 시도가 제3차 세계대전을 야기할 개연성이 가장 크다고 분석했다.

그런데 전쟁은 중동도 동아시아도 아닌 우크라이나에서 발발했다. 우리는 매일매일 전쟁의 참혹함을 실시간으로 경험한다. 폭격으로 초토화된 우크라이나의 도시 마리우폴(Mariupol)의 참혹한 모습은 그동안 거의 잊고 살았던 한국전쟁을 생생하게 떠올려준다. 푸틴은 핵무기 사용을 암시하는 발언을 서슴지 않고, 미국의 바이든 대통령은 푸틴을 '전쟁범죄자'라고 부르면서 이런 사람이 계속 권좌에 머물러서는 안 된다고 공공연하게 비방한다. 이러한 비방은 푸틴이 실제로 핵무기를 사용할 개연성을 증폭시킨다. 미국의 역사학자 니얼 퍼거슨(Niall Ferguson)이 그리고 있듯이 최악의 시나리오는 물론 '제3차 세계대전'이다.[4] 동유럽의 우크라이나전쟁에 이어 중동의 전쟁, 동아시아의 전쟁이 잇따르고 무엇보다 핵무기가 단지 위협에 그치지 않는다면, 제3차 세계대전은 언제든지 현실이 될 수 있다.

모든 전쟁에는 지정학적 요인이 작용하지만, 제3차 세계대전이라는 위험한 잠재력을 가진 전쟁이 우크라이나에서 발발했다는 것은 많은 의미가 있다. 우크라이나전쟁은 어떻게 끝나든지 '지정학적 대분기'를 야기할 것임에 틀림없기 때문이다. 대분기(大分岐, Great Divergence)란 본래 문명의 발전사에서 동양과 서양의 생활방식과 수준이 벌어지게 된 분기점을 지칭하는 용어이다. 대분기 논쟁은 언제부터 서양이 동양보다 더 발전하게 되었으며, 왜 산업혁명은 동양이 아닌 서양에서 발생했는지 규명하고자 한다.[5] 왜 서양이 과학과 기술을 선도하는가? 왜 서양은 자유민주주의이고, 동양은 권위주의적 독재체제인가? 이러한 질문은 유라시아의 지정학적 조건과 밀접한 관련이 있다. 유라시아의 대부분을 차지하는 중국과 러시아는 중앙집권적 권위주의이고, 이를 둘러싼 서유럽과, 동아시아의 한국·대만·일본은 자유민주주의 체제라는 점은 결코 우연이 아니다. 이러한 지정학적 대분기가 우크라이나전쟁에서 극명하게 드러나고 있다는 것은 부인할 수 없는 사실이다.

수천 년 동안 서양과 동양은 발트연안국에서 폴란드, 벨라루스,

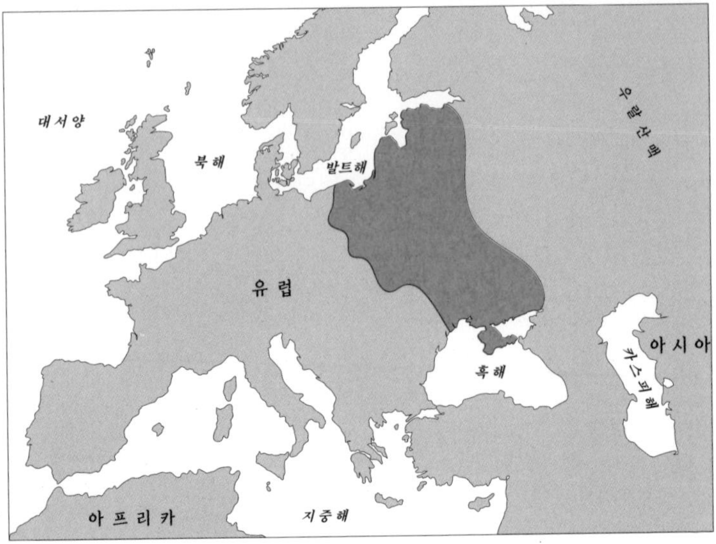

서양과 동양의 접경지대

우크라이나를 거쳐 흑해와 카스피해에 이르는 지역에서 충돌했다. 이 접경지대(the borderlands)는 유럽 문명과 아시아 문명에 의해 짓밟힌 평평한 평야에 있다. 폴란드의 동쪽과 러시아의 서쪽에 놓여 있는 이 접경지역은 산과 바다, 사막과 협곡 같은 자연적 장애물이 없어서 쉽게 정복될 수 있었다. 이 접경지대는 북쪽의 발트해에서 남쪽의 흑해까지 뚫려 있는 통로처럼 보였고, 그러한 특성이 침략자를 끌어들였다. 가장 유명하고 가장 위협적인 침략자는 언제나 동쪽에서 왔다. 13세기 몽골군의 침략 이후로 오랫동안, 그리고 지

금도 '황금군단(the Golden Horde)'이라는 이름은 여전히 공포와 함께 속삭인다.[6)]

몽골군이 러시아의 상징적 중심지 키예프를 점령하고 약탈하고 파괴한 것은 1240년 12월 6일이었다. 동양 문명과 서양 문명이 충돌한 이 시점은, 동시에 '러시아의 아시아화'가 시작된 원년이기도 하다. 몽골군이 침략한 '키예프 루스(Kievan Rus)'는 동슬라브족이 세운 국가연합이었다. 성 블라디미르(St. Vladimir, 재위 980~1015)와 야로슬라프 현자(Yaroslav the Wise, 재위 1015~1054)의 통치 아래 전성기를 누렸던 '키예프 루스'의 영토는 접경지대의 대부분을 통합했을 정도로 컸다. 야로슬라프 현자가 1054년 사망하기 전 그의 아들들에게 공국을 분할해 주기로 결정한 것이 향후 200년 동안 '키예프 루스'의 미래를 결정지었다. 몽골군이 침략했을 때 키예프 연방은 이미 아들들 사이의 내전으로 붕괴 직전이었다. '키예프 루스'를 구성하던 공국들이, 몽골의 금장한국(金帳汗國, the Golden Horde) 곧 킵차크한국의 속국이 됨으로써 러시아의 아시아화가 시작되었다.

서구의 관점에서 보면 몽골의 침입은 러시아의 야만화일 수도 있다. 몽골의 본거지로부터 약 6,500킬로미터 떨어진 곳까지 쓸고 온 몽골군은 키예프(현재의 키이우, Kyiv)를 함락하고 동유럽 평원을 가로질러 폴란드와 헝가리로 진격했다. 폴란드를 넘으면 바로 독일의 도시들이었고, 헝가리를 넘으면 바로 빈의 성벽이었다. 몽골군은 1241년 헝가리의 기사단을 궤멸시켰다. 이 승리는 곧 다가올 유럽 봉건제와 중세의 완전한 붕괴의 전조였다. 몽골군의 침입은 한편으로는 러시아를 아시아화하고, 다른 한편으로 잠든 유럽을 깨워 놓았다.[7)]

유럽인은 이러한 침략을 끔찍한 공포로 받아들였지만,[8)] 몽골의 침략이 부정적인 것만은 아니었다. '키예프 루스'의 파괴는 땅과 사람들을 몽골인들에게 제공했지만, 러시아 땅에 '팍스 몽골리카(Pax Mongolica)'가 세워지면서 새로운 주권을 창조했다. 이러한 주권은 한편으로는 신의 징벌로 여겨지는 공포를 통해, 다른 한편으로는 인구의 증대와 물질적 번영의 결합으로 실행되고 유지되었다. 여러 공국으로 분열된 '키예프 루스'를 하나의 단일 통치체제로 통일한 킵차크한국의 지배는 물질적 혜택을 가져왔을 뿐 아니라 중앙집권화된 정치적 질서의 모델을 제공했다.

몽골제국 없이는 현재의 러시아를 상상할 수 없다. '키예프 루스' 시대 조그만 마을에 불과했던 모스크바를 강대한 러시아의 중심으로 부상시킨 것도 몽골의 킵차크한국이었고, 제국을 건설하는 데 필요한 제도와 독재적 통치기술을 전수한 것도 몽골이었다.[9)] 인류 역사상 가장 커다란 제국이었던 칭기즈칸(Chingiz Khan)의 몽골제국은 중국과 러시아에 엄청난 영향을 미쳤다. 칭기즈칸의 손자 쿠빌라이칸(Khubilai Khan)이 중국 전체를 정복하고 통일하고 중국 문

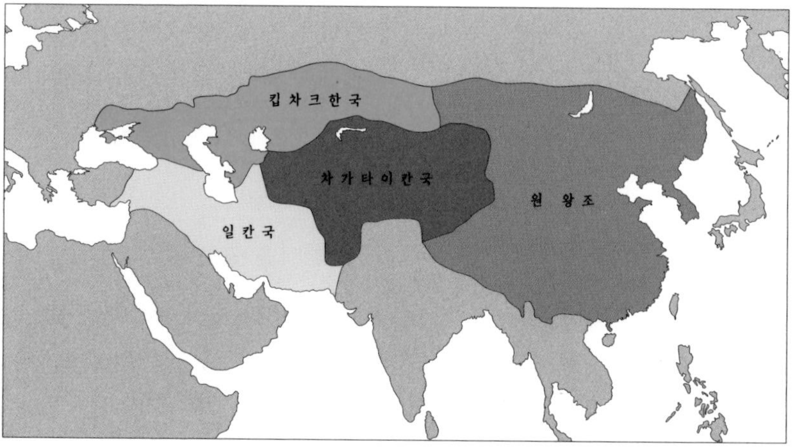

13~14세기 몽골제국

명을 받아들임으로써 '중국화'되었다면, 러시아는 몽골을 통해 중앙집권적 제도와 문화를 배움으로써 '아시아화'했다.

일본의 역사학자 오카다 히데히로(岡田英弘)는 "몽골제국이 중국인들에게 물려준 가장 위대한 유산은 중국이라는 나라 자체다"[10] 라고 날카롭게 지적한다. 몽골이 통일한 새 나라는 중국어권 문명의 약 5배 크기였다. 다양한 중국어 방언을 사용하는 모든 지역뿐 아니라 티베트, 만주, 위구르 등 인접한 왕국들이 몽골에 의해 통일된 것이다. 러시아가 상트페테르부르크에서 블라디보스토크에 이르는 광대한 제국을 이룰 수 있었던 것도 몽골제국 덕택이었다. 오늘날 중국과 러시아는 과거 몽골제국이 정복했던 땅을 차지하고 있다. 18세기 초 표트르대제(Pyotr大帝)는 러시아에 대한 아시아의 영향을 줄이고 나라를 영국, 프랑스, 독일에 버금가는 서구의 중요한 정치 세력으로 만들려고 했지만, 그런 노력도 '러시아의 아시아화'라는 대세를 근본적으로 꺾지는 못했다. 20세기 볼셰비키 혁명과 전쟁을 통해 몽골, 중국, 북한과 베트남을 공산주의화한 것이 '아시아화의 역전'이라 할 수 있을까? 공산주의 운동과 전쟁에 고도로 중앙집권화된 전체주의 시스템이 작용했다는 점에서 아시아화의 흐름은 여전하다.

이런 몽골제국의 영향으로 유라시아에서 하나의 제국으로 발전한 러시아가 우크라이나를 침략한 것이다. 푸틴은 몽골제국이 정복했던 '키예프 루스'를 회복하겠다는 역사적 야망으로 키이우를 침공했다. 푸틴은 "러시아인, 우크라이나인, 벨라루스인은 모두 유럽에서 가장 큰 국가였던 '루스'의 후손"이라고 천명한다. 유럽에 영향을 줄 수 있는 강대국을 꿈꾸는 푸틴이 친유럽을 표방한 우크라이나를 침공한 것이다. 피와 고통의 대가로 권력을 획득한 모스크바의 통치자들이 과거 소련의 영광을 되찾으려는 방식은 지극히 전체주의적이다. 그들은 러시아제국을 건립하는 데 필요했던 몽골의 유산을 지금 적나라하게 드러내고 있다. 몽골이 그랬던 것과 똑같은 방식으로 러시아는 우크라이나를 침략했다.

우리가 주목하는 것은 러시아의 우크라이나 침공이 가져올 지정학적 혁명이다. 칭기즈칸이 잠든 유럽을 깨웠던 것처럼 푸틴의 우크라이나전쟁은 평화주의에 취해 있던 유럽을 깨웠다. 발트해에서 흑해와 카스피해에 이르는 접경지대가 다시 피로 물들고 있다. 동유럽사 전문가인 미국의 역사학자 티머시 스나이더(Timothy Snyder)가 "피에 젖은 땅(bloodlands)"[11]이라고 명명한 지역이 다시 유라시아를 동과 서로 분열시키고 있다. 20세기 중반 유럽 대륙의 중앙부에서 나치독일과 소비에트러시아는 약 1,400만 명의 사람을 살육했다고 한다. 이 지대에서 다시 러시아와 유럽이 충돌하고 있다. 서양과 동양, 정확하게는 미국과 유럽을 중심으로 한 자유민주 세력과 중국과 러시아의 권위주의 세력을 가르는 지정학적 대분기가 일어나고 있다.

이러한 '지정학적 대분기'가 미래사회에 어떤 영향을 미칠지 아직 가늠조차 할 수 없다. 코로나 전염병과 함께 찾아온 우크라이나전쟁이 세계화를 약화하거나 변형하고, 세계를 분열시키리라는 점만은 분명해 보인다. 중국 남부에서 발생하고 몽골군이 옮긴 페스트(pest)가 볼가강 하류의 킵차크한국 수도 사라이(Sarai)에 도달한 것은 1345년이었다. 페스트는 로마의 몰락 이후 유럽을 지배했던 사회질서를 거의 파괴해버렸다. 유럽만이 아니라 몽골제국까지 멸망시켰다. 페스트는 유럽을 고립시켰고, 러시아와 페르시아에 사는 몽골인을 몽골과 중국으로부터 차단했다. 유라시아의 연결망이 끊어진 것이다. 지금의 코로나를 14세기의 페스트와 비교할 수는 없지만, 중국은 여전히 나라 전체를 봉쇄하고 러시아는 우크라이나전쟁으로 점차 고립되고 있다. 세계가, 특히 유라시아 대륙이 분열하고 있다. 이러한 분열은 전쟁과 평화를 다시 생각하게 만든다.

2장

전쟁 또한 정치적 수단이다

평화라는 한여름 밤의 꿈

우크라이나전쟁으로 정치의 패러다임이 바뀌고 있다. 엄밀히 말하면 그동안 잊었던 전쟁의 가능성이 현실이 됨으로써 정치에 대한 관점이 변화하고 있다. 우크라이나전쟁은 우리에게 클라우제비츠(Carl von Clausewitz)의 말을 생생하게 상기시킨다. "전쟁은 정치를 다른 수단으로 계속하는 것이다." 우리는 이 말을 수사학적으로 뒤집어 정치 행위를 일종의 전쟁으로 이해하곤 했다. "정치는 전쟁을 다른 수단으로 계속하는 것이다." 전쟁의 수단은 폭력이고, 정치의 수단은 협상과 타협이다. 전자가 비합리적이라면, 후자는 이성적이다. 클라우제비츠의 유명한 명제의 출처를 자세히 들여다보면, 전쟁과 정치의 필연적 관계는 더욱 선명해진다. "전쟁은 단순히 정치적 행위가 아니라 진정한 정치적 수단이고 다른 수단을 통해 실행되는 정치적 교류의 연속이다."[1]

전쟁이 가져오는 잔혹한 폭력은 전쟁이 '정치적 행위'라는 사실을 종종 은폐한다. 총에 맞은 민간인, 불에 타버린 자동차, 고문실, 구덩이에 던져진 시신 등 우크라이나전쟁에서 목격한 키이우 교외 부차(Bucha)의 끔찍한 모습은 우리의 상상력을 마비시키는 이미지다. 부차는 전쟁 중에 이루어지는 학살을 생생히 알려주는 전환점이지만, 그것은 사실 과감한 전쟁범죄의 첫 번째 증거일 뿐이다. 민간인에 대한 러시아인의 잔학 행위는 우크라이나에서는 새로운 일이 아니다. 학살, 테러, 고문이 사실 지난 8년 동안 우크라이나 동부 돈바스(Donbass)에서 일상이었지만 그동안 보이지 않다가 부차의 학살을 통해 드러난 것이다. 그 결과가 아무리 참혹하더라도 전쟁은 '정치적 행위'이다. 클라우제비츠는 정확하게 지적한다. "정치적 의도가 목적이고 전쟁은 수단이기 때문이다. 그리고 수단은 목적을 떠나서는 결코 생각할 수 없다."[2]

전쟁과 정치가 필연적으로 연결된 만큼 전쟁과 평화는 구조적으로 서로 엮여 있다. 평화가 없는 전쟁은 상상하기 어려울 정도로 비현실적이지만, 전쟁 없는 평화는 불가능하다. 그런데 우리는 1989년 베를린장벽의 붕괴로 드디어 냉전이 종식되고 새로운 평화의 시대가 열렸다고 확신했다. 그전까지 대립하던 강대국들이 협상 테이블에 앉아 핵무기 감축을 논의하고 국지적으로 발생하는 무력 갈등

또한 타협과 협상으로 해결할 수 있다고 믿었다. 연인들의 사랑으로 빚어지는 마찰과 갈등이 초자연적 힘으로 해결되는 꿈같은 이야기인 셰익스피어의 희극《한여름 밤의 꿈》처럼 평화의 시대가 시작한 것이다.

냉전 종식과 함께 시작된 새로운 질서는 갈등 해결 수단으로 무력 사용을 거부하고 유럽 국가 간의 상호 의존을 장려했다. '유럽인권협약(European Convention on Human Rights, ECHR)'에 제도화된 인권의 우선성은 새로 태어난 유럽의 화신이 되었다. 유럽의 국가들이 서로 의존하는 정도가 높아지면 높아질수록 전쟁의 가능성이 줄어들고 평화의 시기는 더 길어질 것이라고 믿었다. 1989년 이후 탈공산주의 러시아가 민주주의와 자유주의로 변할 것이라는 기대가 있었다. 1980년대부터 개방정책을 편 중국이 2001년 세계무역기구(WTO)에 가입하자 서구사회는 중국이 자본주의와 함께 자유민주주의를 받아들여 서구 주도의 세계질서에 편입될 것이라 착각하기도 했다.

착각의 정점은 1989년 "역사의 종말"이라는 프랜시스 후쿠야마(Francis Fukuyama)의 의기양양한 주장이다. 냉정하게 말하면, 그는 물론 프랑스혁명 이후 자유민주주의는 그 어떤 대안보다 근본적으로—윤리적으로, 정치적으로, 경제적으로—더 나은 시스템임이 반복적으로 입증되었다고 주장했을 뿐이다. 그는 헤겔(Georg W. F.

Hegel)처럼 인류의 역사가 자유민주주의를 향한 진보의 역사라고 생각했다. 그는 냉전의 종식을 서구의 승리로 파악했다. "서구의 승리는 무엇보다도 서구 자유주의에 대한 실행 가능한 체계적인 대안이 완전히 고갈되었다는 점에서 분명하다."[3]

냉전의 종식은 정말 서구의 승리였을까? 우크라이나전쟁이 발발하고 중국과 미국의 갈등이 첨예한 지금 이 물음에 대한 답은 명백해 보인다. 우크라이나전쟁을 계기로 후쿠야마는 실수를 기꺼이 인정한다. 그는 자신이 "역사의 종말"을 쓸 때 "정치적 쇠퇴의 개념"을 충분히 이해하지 못했다고 밝힌다. 우리가 현대 민주주의로 '발전'했다면 언제든지 '후퇴'할 수도 있다는 생각을 미처 하지 못했다는 것이다.[4] 자유민주주의 사회 안에서도 우파와 좌파 모두가 자유주의의 기반을 약화하고 있다. 우파는 경제적 불평등을 확대한 자유시장 원칙을 수용함으로써, 좌파는 개인의 자율성보다 정체성 정치를 우선시함으로써 자유주의가 심각하게 훼손되고 있다.

그렇지만 자유민주주의 질서에 대한 가장 커다란 위협은 중국과 러시아다. '역사의 종말' 명제에 대한 강력한 도전은 러시아와 중국 두 나라의 경제적·정치적 힘의 성장이다. 중국이 공산당 일당독재 전체주의적 체제라면, 러시아는 외면적으로만 민주주의일 뿐 실제로는 권위주의적 독재국가다. 이런 점에서 "궁극의 악몽은 중국과 러시아가 서로 협력하는 세계, 아마도 중국이 러시아의 전쟁을 북

돋우고 중국이 자체적으로 대만 침공을 시작하는 세계"라고 후쿠야마는 말한다. 그것은 제3차 세계대전의 시작일 뿐 아니라 권위주의적 독재체제의 위협과 승리를 의미하기 때문에 "만약 미국과 다른 서방 국가들이 그런 일이 일어나는 것을 막을 수 없다면 그것은 정말로 역사의 종말의 종말"[5]일 것이라고 한다.

제1차 세계대전 이후의 독일과 마찬가지로 러시아는 유럽 질서를 파괴하려는 맹렬한 수정주의 세력이 되었고, 유라시아의 다른 편에서는 중국의 공격적 팽창주의가 평화를 위협하고 있다. 우크라이나전쟁은 평화의 달콤한 꿈을 깨워놓았을 뿐 아니라 1989년 이후 형성된 새로운 유럽 질서를 근본적으로 파괴했다. 불가리아의 정치학자 이반 크라스테프(Ivan Krăstev)는 "러시아 대통령이 우크라이나 침공을, 국가를 '탈나치화'하기 위한 '특수작전'으로 정당화함으로써 유럽 질서의 기반이 된 도덕적 토대를 위반하고 있다"[6]라고 말한다. 평화 시대의 도덕적 기반이 무너지면서 전쟁은 이제 현실이 되었다.

1945년 종전 이후 우리는 새로운 역사를 쓸 수 있다고 생각했다. 유럽은 이제 새로운 대전쟁이 불가능한 대륙이 되었다고 생각했다. 토니 주트(Tony Judt)는 이러한 시대에 매우 멋진 이름을 붙였다. "포스트워(Postwar)".[7] 우리는 전쟁 이후의 세계가 열렸다고 믿었다. 그런데 지금, 다시 새로운 역사가 시작한다. 우크라이나전쟁은 우리가 '알지 못하는 것의 습격'이다. 역사가 어떤 방향으로 흘러갈지는 커다란 물음표이다. 이반 크라스테프가 예견하는 것처럼 소프트파워의 평화 시대에서 하드파워의 전쟁 시대로 전환하고 있는지도 모른다. "우리는 '소프트파워'의 시대에서 회복력의 시대로 이동하고 있다. '소프트파워'는 매력을 무기화하는 서구의 전략이었다. 회복력은 다른 사람들이 자신의 취약성을 무기로 사용하는 것을 방지하는 자유민주주의 사회의 능력이다."[8)]

우크라이나전쟁은 자유민주주의 사회의 능력을 시험한다. 진정한 능력은 언제나 위기의 시대에 증명된다. 우리는 이제까지 전쟁이라는 '최악의 시나리오'를 생각하지 않거나 생각하기를 두려워했는지도 모른다. 우리는 베를린장벽이 붕괴한 그해 1989년 6월 4일 중국 베이징시의 중앙에 있는 천안문(天安門, 톈안먼) 광장에서 민주화를 요구한 학생과 시민을 무력으로 진압한 '천안문 사태'를 애써 외면했고, 러시아가 2008년 조지아를 침공하고 2014년 우크라이나 크림반도를 병합했을 때도 사태가 이렇게 악화하리라 예상하지 못했다. 평화의 꿈에 취해 이성이 잠든 것이다. 국제정치에는 외교와 협상의 규범적 제도주의가 지배적이었고, 수많은 갈등을 있는 그대로 분석하고 판단하는 정치적 현실주의는 배제되었다.

현실 속에 이성이 있다는 마키아벨리(Niccolò Machiavelli)의 통찰이 빛을 발하는 순간이다. 언제든지 폭력적 전쟁으로 비화할 수 있는 갈등의 현실을 배제한 이성은 사실 이성이 아니다. 나폴레옹(Napoléon Bonaparte)의 폭정과 나폴레옹 전쟁의 참상을 경험한 스페인 화가 프란시스코 드 고야(Francisco de Goya)는 이렇게 간단하게 핵심을 찌른다. "이성이 잠들면 괴물이 탄생한다." 물론 이성만이 우리를 지배해서는 안 된다. 합리성만을 강조하는 계몽주의와는 반대로 우리는 때때로 감성 그리고 상상력과 연결된 본성의 목소리를 들어야 한다. 진실로 전쟁이 없는 평화의 세계를 원한다면, 우리는 전쟁의 가능성을 진지하게 받아들여야 한다. 전쟁이 언제든지 정치적 수단으로 사용될 수 있는 현실을 직시해야 한다.

전쟁은 점점 줄어드는가

20세기 세계의 지정학적 질서는 세계대전이 만들어놓은 결과였다. 1945년 5월 소련이 독일의 베를린을 함락하고 그해 여름 갑자기 일본의 항복이 임박해 워싱턴을 놀라게 했을 때, 트루먼 행정부는 일본이 점령한 영토의 반환을 위한 계획 작업을 급하게 진행하고 일본의 홍콩 항복 수락을 영국이 아닌 장제스(蔣介石)의 중국 국민당 정부에 위임했다. 한편 유라시아 대륙의 대부분이 소련과 중국의 공산당 정권의 지배를 받음으로써 서구 자유주의 세력과 유라시아 공산주의 세력 사이에 냉전이 시작되었다. 우리는 1989년 베를린장벽이 무너지고 이듬해인 1990년 10월 3일 독일이 통일됨으로써 냉전체제가 끝나고 새로운 평화의 시기가 도래했다고 믿었다. 전쟁이 평화의 시기를 만들었지만, 평화체제와 시기가 비교적 오랫동안 지속함으로써 우리는 평화를 만든 게 전쟁이었다는 사실을 잊었다.

지상에서 많은 사람이 평화에 취해 있을 때도 지표 밑에서는 크고 작은 지정학적 지진이 끊임없이 일어나고 있었다. 아시아에서 한국전쟁과 베트남전쟁, 중동에서 이라크전쟁과 아프가니스탄전쟁이 일어났지만, 사람들은 이러한 전쟁이 지정학적 질서를 바꿔놓을 거대한 움직임의 징후라는 사실을 알아채지 못하고 단순한 국지적 대리전쟁쯤으로 생각했다. 오랜 평화체제와 그 속에서 자라난 '평화주의'의 이데올로기가 우리를 단단히 사로잡았다. 우크라이나전쟁으로 사람들은 조금씩 이 미몽에서 깨어나고 있다. 1989~1991년을 계기로 냉전이 끝난 것이 아니었다. 사람들은 '냉전 II'가 시작한 것은 아닌지 두려워하지만, 우리가 더 두려워해야 하는 것은 어쩌면 제3차 세계대전일지 모른다. 역사학자 리처드 오버리(Richard Overy)의 말처럼 1989년에 끝난 냉전이 다시 시작하는 것이 아니라 냉전이 다른 방식으로 반복되는 것일지도 모른다.[9]

제3차 세계대전의 잠재력을 가진 제2의 냉전이 평화체제를 종식시키고 새로운 지정학적 질서를 가져올 것이다. 새로운 세계질서의 방향을 예측하려면 우리는 먼저 잊었던 전쟁의 의미와 역할을 다시 검토해야 한다. 우리는 그동안 전쟁을 잊고 살았다. 전쟁이 있어서는 안 된다는 생각에 전쟁을 우리의 마음에서 애써 밀어냈는지도 모른다. 그러나 프로이트의 정신분석학적 인식처럼 억압된 것은 반드시 다른 방식으로 분출된다. 어쩌면 우리는 전쟁을 별로 신경 쓰지 않고 살지 모른다. 하지만 트로츠키(Leon Trotsky)가 이야기했듯 전쟁은 우리에게 매우 관심이 많다.

전쟁은 실제로 우리 삶에 결정적 영향을 미친다. 인류 역사는 전쟁의 역사였다 해도 과언이 아니다. 우리가 자랑스러워하는 인류문명은 사실 전쟁의 결과였다. 인류 역사에 얼마나 많은 전쟁이 있었을까? 지난 3,400년을 돌이켜 추산할 때 인간은 그중 268년 동안만 완전히 평화롭게 지냈으며 이는 약 8퍼센트에 불과하다. 20세기에는 최소한 1억 800만 명이 전쟁으로 사망했으며, 인류 역사를 통틀어 전쟁으로 인한 사망자 수는 1억 5,000명에서 10억 명 사이라고 한다. 지난 역사에서 전쟁이 평화보다 압도적이었는데도 평화의 시기에는 전쟁을 망각하는 경향이 있는 것이다.

1945년 이래 세계의 평화를 보장하고 유지하는 경찰국가의 역할을 담당했던 미국제국의 평화체제 '팍스 아메리카나(Pax Americana)'가 성립한 것도 전쟁 덕택이었다. 1776년과 2011년 사이에 미국은 얼마나 많은 전쟁을 치렀을까? 미국의 군사분쟁 개입에 관한 흥미로운 통계를 보면, 미국은 235년 중 214년 동안 전쟁에 개입했다. 이 기간의 91퍼센트가 전쟁이었다. 미국이라는 나라가 탄생한 이후 평화를 누린 시기는 20년여밖에 되지 않는 것이다.

물론 미국인들이 평화라고 생각한 시기는 전쟁에 참여한 시기보다 훨씬 더 길 것이다. 그렇다면 전쟁은 쉽게 잊히는 경향이 있는 것인가. 미국은 스스로 세계 민주주의를 수호하는 천사라고 자부하지만, 조지 오웰(George Orwell)이 경고했듯이 전쟁은 민주주의의 건강을 위한 필요악이다. 언론에 등장하는 평화와 민주주의는 어쩌면 우리의 전쟁 상태와 전쟁의 본성을 숨기기 위해 사용하는 용어일지도 모른다. 대통령이 되기 전 시어도어 루스벨트(Theodore Roosevelt)가 미국-스페인 전쟁과 관련하여 1897년 행한 발언은 전쟁과 평화의 관계를 잘 말해준다. "나는 거의 모든 전쟁을 환영해야 한다. 이 나라에 전쟁이 필요하다고 생각하기 때문이다."

역사학자 니얼 퍼거슨은 우크라이나전쟁 발발을 계기로 키이우를 방문했을 때, 하버드대학교 심리학자 스티븐 핑커(Steven Pinker)와 이전에 했던 내기를 떠올린다. 그는 10년이 지나 "2029년 12월 31일쯤이면 재래식 전쟁이나 핵전쟁으로 인해 최소 100만 명이 목숨을 잃을 것"이라고 예측하면서 이 내기에서 자신이 지기를 간절히 바랐다고 한다. 그의 이런 불안을 비합리적이라고 할 수 없다. 이

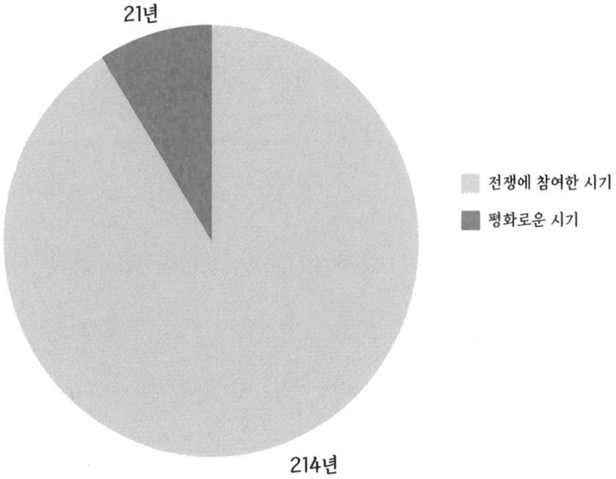

1776~2011년 미국의 군사 분쟁 개입

성과 평화의 시대가 끝나간다는 불안이 실제로 엄습하고 있다. "왕좌의 게임"의 유명한 대사처럼 전쟁의 "겨울이 오고 있는 것이다".

니얼 퍼거슨과 스티븐 핑커의 내기는 전쟁과 평화의 오랜 경합처럼 보인다. 스티븐 핑커는 이성과 계몽주의를 믿는 대표적인 평화주의자다. 그는 《우리 본성의 선한 천사》에서 "폭력은 오랜 시간에 걸쳐 감소했으며 오늘날 우리는 우리 종의 경험에서 가장 평화로운 시대에 살고 있을지 모른다"[10]라고 주장한다. 그는 폭력의 감소로 인한 평화의 증대가 "인류 역사상 가장 중요한 사건"이라고 확신한다. 물론 스티븐 핑커도 폭력이 제로에 이를 정도로 완전히 사라진 것은 아니고 폭력의 감소가 순탄한 과정이 아니었다는 사실도 알지만, 인류의 역사가 이성과 계몽주의 덕택에 폭력이 감소하는 방향으로 점진적으로 진보했다는 것만은 분명하다고 여기는 듯 보인다.

세계대전 직후 도래한 평화의 시대와 관련하여 스티븐 핑커는 매우 흥미로운 주장을 펼친다. 숫자와 통계로 가득한 그의 방대한 저서의 5장과 6장은 각각 "오랜 평화(The Long Peace)"와 "새로운 평화(The New Peace)"라는 인상적인 제목을 달고 있다. 핑커의 주장은 이중적이다. 첫째, 1945년경부터 강대국들 사이에 "오랜 평화"가 지속했다. 둘째, 냉전 종식 이후 전쟁, 대량학살, 테러리즘의 양적 감소가 순조롭게 진행되어 "새로운 평화"가 도래했다.[11] '전쟁 이후(postwar)'는 전쟁의 가능성을 망각한 시대다. 이러한 시대의 특징은 스티븐 핑커가 인용하는 정치학자의 말에서 가장 잘 드러난다. "전후 기간의 가장 두드러진 특징은 1945년 이후 강대국이 서로 싸운 적이 없기 때문에 '전쟁 이후'라고 불릴 수 있다는 점이다. 강대국 사이에 이렇게 긴 평화 기간은 전례가 없다."[12] 이 책에서 스티븐 핑커는 제로 통계를 인용하며 '전쟁 이후'에서 아예 전쟁을 지워버렸다. 전쟁 이후의 시대가 이제는 전쟁이 없는 시대가 된 것이다.

20세기는 피로 물든 가장 폭력적인 세기였다는 상투적 의견을 반박하는 핑커의 관점과 논거는 매우 인상적이다. 20세기가 가장 피비린내 나는 시대였다면 인구가 이전 시대보다 감소했을 텐데, 1950년 세계의 인구는 약 25억 명으로 1800년의 인구보다 약 2.5배 많고, 1600년보다는 4.5배 많고, 1300년보다는 7배, 그리고 서기 1년보다는 15배 많다는 것이다. 1945년 이후의 평화를 강조하기 위해 핑커가 제시한 '제로 통계'는 더욱 흥미롭다. "영(제로)은 역사상 가장 치명적인 전쟁이 끝난 후 흐른 세기의 3분의 2 동안 놀라운 전쟁 범주 모음에 적용되는 숫자다."[13] 예를 들면 갈등 해결에 사용된 핵무기의 사용횟수가 '영'이고, 냉전 당사자인 두 강대국이 전쟁터에서 서로 싸운 횟수가 '영'이고, 한국전쟁이 끝난 1953년 이후 강대국끼리 서로 싸운 횟수가 '영'이고, 제2차 세계대전 이후 서유럽 국가들이 서로 싸운 국가 간 전쟁 횟수가 '영'이고, 1945년 이후 다른 나라를 정복함으로써 영토를 확장한 선진국의 숫자가 '영'이고, 세계대전 이후 정복을 통해 사라진, 국제적으로 인정된 국가의 숫자가 '영'이라는 것이다. 전쟁이라는 폭력의 감소를 입증하기 위해 제시된 '제로 통계'는 우리가 전쟁이 없는 또는 적어도 전쟁 이후의 시대를 살고 있다는 착각을 불러일으킨다. 전쟁이 없는 세월이 쌓여가면서 평화가 지속하기를 기대했던 새로운 사고방식이 깊이 뿌리내려 평화가 전쟁의 결과라는 사실이 잊히기 시작한 것이다.

세계가 훨씬 덜 폭력적이며 특히 대규모 전쟁에 덜 취약해졌다는 핑커의 견해를 입증하는 증거도 많고 또한 이를 공유하는 정치학자도 적지 않다. 1945년 이후 전쟁, 인종 학살, 테러리즘 같은 폭력이 줄어든 것은 사실이다. 스티븐 핑커도 폭력의 감소가 지난 20년이나 그보다 짧은 시기 동안 이루어졌기 때문에 그것이 지속하리라고 확신할 수는 없다고 했다. 하지만 그는 폭력 감소의 잠정적 특성을 인식해 이런 발전을 "새로운 평화"라고 부른다. 물론 스티븐 핑커는 "역사에 대한 통계적 평가는 폭력적 재앙이 일어날 가능성이 없을 수도 있지만, 천문학적으로 가능성이 없는 것은 아니라는 점을 알려준다"[14]라고 말한다. 그의 말은 오히려 희망에 가깝다. 폭력적 재앙이 일어나지 않을 가능성이 천문학적으로 확실한 것은 아니지만, 일어나지 않을 수도 있으리라는 것이다. 평화의 소원이 이루어지길 바라지만, 스티븐 핑커도 우리가 여전히 위험한 세계에 살고 있다는 점을 인정한다.

니얼 퍼거슨이 스티븐 핑커와 한 내기는 통계의 위험성을 지적한다. 1950년 이후로 세계가 큰 전쟁을 덜 일으킨 것이 사실이라고 해도 통계는 이러한 추세가 계속될 것이라는 보장을 제공할 수 없다. 1945년 이후 지속한 '오랜 평화'는 결코 앞으로도 이어질 '새로운 평화'를 보장하지 않는다. 영국의 수리물리학자 루이스 프라이 리처드슨(Lewis Fry Richardson)은 데이터 분석을 통해 전쟁의 시기와 규모를 밝힐 수 있는 치명적인 갈등에 대한 패턴을 자신의 데이터에서 찾으려고 노력했는데, 결국 이런 결론에 도달한다. "전체로서의 통계 모음은 치명적인 싸움이 더 많이 발생하거나 더 적게 발생하는 경향을 나타내지 않는다."[15)]

통계는 종종 우리를 기만한다. 1945년 이후 전쟁 폭력이 줄어들었다고 해서, 그것이 앞으로도 전쟁이 없을 것이라는 장기적 경향을 보증하지 않는 것이다. 미국의 컴퓨터과학자 에런 클로셋(Aaron Clauset)은 통계의 '거듭제곱법칙(Power-Law)'을 활용해 전쟁의 규모와 빈도가 평화의 경향에 어떤 영향을 미치는가를 연구했다. 최근 그는 논문 〈국가 간 전쟁의 심각성의 추세와 변동〉에서 흥미로운 결론에 도달한다.[16)] 그는 1945년 이후로, 특히 두 차례의 세계대전을 모두 포함했던 이전 30년에 비해 상대적으로 대규모 국가 간 전쟁이 적었다는 '긴 평화'를 인정하면서 하나의 질문을 제기한다. '긴 평화'는 과연 근본적 갈등을 일으키는 과정의 진정한 변화로 인한 지속적 추세를 나타내는가? 이 물음에 대한 그의 답은 명료하다. "오랜 평화가 반드시 대규모 전쟁의 가능성이 변한다는 증거는 아니다." 긴 평화가 대규모 전쟁 생산의 근본적 변화를 반영하지 않는다면, 지금부터 그러한 패턴이 통계적으로 유의미해질 때까지 몇 년 동안 매우 큰 전쟁의 위험은 일정하게 유지될 것이다. 그의 주장은 스티븐 핑커의 '오랜 평화'와 '새로운 평화'의 낙관주의를 정면으로 반박한다.

평화라는 현실이 전쟁의 경향을 부정하지는 않는다. 니얼 퍼거슨은 철저하게 현실주의적인 입장에서 우크라이나전쟁을 바라본다. '오랜 평화'가 금세기 말까지 계속되더라도 우리는 제3차 세계대전을 배제할 수 없을 것이다. 더욱 중요한 것은 "냉전 시대를 '긴 평화'라고 부르는 것이 세계가 핵 아마겟돈에 얼마나 가까이 왔는지를 간과한다"[17]라는 점이다. 냉전 시대가 유례없이 긴 평화의 시기였다는 사실에 기만되어 우리는 핵전쟁의 위협을 망각하고, 평화의 시대가 마치 영원히 지속할 것처럼 착각했다고 볼 수 있다. 냉전 시대가 평화의 시기였다면 우크라이나전쟁이 보여주듯 평화의 시기에 오히려 전쟁의 위험이 도사리고 있다는 점은 아이러니다. 평화의 현실을 하나의 장기적 경향과 추세로 착각하면 오히려 전쟁의 가능성을 간과하게 된다. 이러한 인식이 우리를 전쟁과 평화의 역설로 인도한다.

전쟁이 평화를 가져온다는 역설

전쟁 이후 비교적 오랫동안 평화가 지속한 것이 분명 우리의 놀라운 성과였다 하더라도 역사를 장기적 관점에서 바라보면 평화는 분명 전쟁의 결과다. 미국의 역사학자 이언 모리스(Ian Morris)는

《전쟁! 그것은 무엇을 위해 좋은 것인가?》[18]라는 매우 인상적인 제목을 달고 있는 저서에서 전쟁의 역설을 이야기한다. 그의 논점은 분명하다. "전쟁은 순기능이 있었다. 장기적 관점에서 봤을 때 전쟁은 인류를 좀 더 안전하고 부유하게 만들었다. 분명 전쟁은 지옥 같은 존재이다. 하지만 장기적 관점에서 볼 때 전쟁을 피하려고 내렸던 결정들이 더 최악이었다."[19]

우리는 전쟁이 평화를 가져온다는 말을 쉽게 받아들이지 못한다. 전쟁은 분명 잔혹하고 비인간적인 대규모 학살자이기 때문이다. 이언 모리스는 왜 이런 결론에 도달한 것일까? 첫째, 여러 전쟁을 겪으면서 사람들은 더 큰 조직 사회를 만들었다. 둘째, 전쟁은 평화로운 사회를 만들기 위한 최악의 방법이지만 현재까지 인류가 찾아낸 유일한 방법이다. 셋째, 전쟁으로 규모가 커진 사회는 우리를 안전하게 해주었을 뿐 아니라 부유하게 만들었다. 이언 모리스는 스티븐 핑커와는 정반대의 관점에서 인류의 역사를 바라본다. 전쟁과 평화가 이어진 역사의 순환과정을 바라보면 우리는 전쟁을 막기 위한 평화의 노력을 강조할 수도 있고 또 거꾸로 평화를 가져온 전쟁의 기능에 우선성을 부여할 수도 있다.

우리는 전쟁의 이중성에 주목해야 한다. 전략의 아버지로 불리는 리델 하트(Liddell Hart)처럼 "전쟁은 항상 좋은 결과를 바라면서 나쁜 일을 하는 것"이라고 결론을 내릴 수도 있다. 그렇다면 전쟁이라는 나쁜 일을 하면서 좋은 결과를 가져올 수도 있다는 것인가? 이 물음에 대한 이언 모리스의 대답은 간단한 명제로 요약된다. "전쟁은 국가를 만들고, 국가는 평화를 만든다."[20] 이는 강력한 국가가 없었다면 살인과 가난, 무지가 일상생활의 규칙처럼 되었을 것이라는 홉스의 입장을 반영한다. 만인에 대한 만인의 투쟁 상태를 극복하려면 리바이어던과 같은 강력한 정부가 있어야 한다고 주장한 홉스가 전쟁의 현실주의 이론을 대변한다. 리바이어던은 성경 욥기에 나오는 괴물이다. 전쟁이라는 괴물을 막기 위해 국가라는 괴물이 필요하다는 것이다.

인류의 역사를 보면 사람들이 단지 합의를 통해 평화로운 사회를 형성했다는 기록은 찾아볼 수 없다. "장황한 설득이라도 항상 전쟁보다는 낫다"라는 윈스턴 처칠의 말은 전쟁 중에 폭력을 줄여야 한다는 생각이 담긴 희망사항일 뿐이다. 전쟁은 국가를 만들고, 국가는 더 큰 제국으로 발전해 평화를 가져온다. 로마는 전쟁을 통해 평화체제를 구축했다. 로마제국이 평화의 유토피아는 아니라 할지라도, 역사적 기록은 분명 로마제국이 없을 때보다 있을 때 훨씬 더 안전했음을 보여준다. '팍스 로마나(Pax Romana)', '팍스 몽골리카(Pax Mongolica)'는 권력의 집중을 통해 폭력을 제거하거나 감소시킨 평화(Pax) 체제였다.

이언 모리스는 이렇게 요약한다. "한편으로 볼 때 리바이어던은 폭력을 억제시킨 장본인이고, 또 그렇게 함으로써 로마인을 만들었다. 그러나 다른 면에서 보자면 애당초 리바이어던으로 하여금 이런 일을 가능하게 한 것부터가 폭력이었다. 전쟁은 대체로 끝나고 나면 어떤 좋은 결과를 낳았다."[21] 제국은 폭력을 통해 폭력을 줄인다. 15세기부터 시작된 500년의 식민지 전쟁은 그 어떤 전쟁보다 추악했지만 역사상 가장 생산적인 전쟁이었다. "1914년에 유럽인들과 식민지배자들은 대륙의 84퍼센트, 그리고 바다는 100퍼센트를 지배했다. 제국의 심장부가 위치한 북대서양 연안에서는 폭력으로 인한 사망 비율이 그 어느 때보다 낮은 수준으로 떨어졌다."[22] 전쟁이 만약 폭력을 감소시키고 평화를 가져온다면, 그것은 생산적 전쟁이다. 평화를 생산하고 보장하는 제국은 '평화의 제국'이다. 20세기는 이런 점에서 미국제국의 시대였다.

우크라이나전쟁은 '팍스 아메리카나'의 시대가 기울고 있음을 보여준다. 20세기 후반 강력한 국가로 부상한 중국은 '팍스 시니카(Pax Sinica)'를 꿈꾼다. 제국이 평화를 가져오는 것은 경험적으로 맞지만, 만약 제국과 제국이 충돌한다면 어떤 결과를 초래할 것인가? 서로 경쟁하는 강대국이 인류의 대부분을 파괴할 만큼 충분한 핵탄두를 보유한 상황에서 어떻게 새로운 평화를 구축할 수 있는가? 핵전쟁이 결코 일어나지 않는다는 보장은 없다. 우크라이나전쟁이 새로운 평화체제를 구축할 기회가 될 수 있다는 점에서 '생산적 전쟁'일지, 아니면 폭력을 증폭시키는 '비생산적 전쟁'일지는 미지수다. 분명한 것은 전쟁을 막으려면 최악의 시나리오를 먼저 생각해야 한다는 점이다.

"평화를 원한다면 전쟁에 대비하라(Si vis pacem para bellum)"라는 로마의 유명한 격언이 그 어느 때보다 필요한 시점이다. "우리가 진실로 전쟁이 아무 소용없는 세계를 원한다면, 우리는 여전히 전쟁이 중요한 역할을 하고 있다는 점을 기억해야 한다."[23] 21세기 우크라이나전쟁은 과연 어떤 결과를 초래할 것인가? 왜 많은 사람이 '새로운 평화'를 꿈꾸는 시기에 우크라이나전쟁은 일어난 것인가? 이 물음에 대한 답은 잠시 미루고, 우선 전쟁과 평화의 철학적 의미를 좀 더 들여다볼 필요가 있다. '전쟁은 좋은 것'이라고 말하기는 여전히 어렵기 때문이다.

3장

위대한 철학자들의 전쟁론과 평화론

무엇이 전쟁과 혁명을 정당화하는가

위대한 철학자들은 항상 정치철학자이다. 설령 그들이 각각 다른 시대에서, 전쟁과 평화가 아닌 다른 문제를 다루었다 할지라도, 그들은 우리의 삶과 직결된 핵심 문제를 다루기 때문이다. 헤겔이 말한 것처럼 "철학도 자기 시대의 아들인 까닭에 결국 철학 역시 사상으로 파악된 그의 시대일 수밖에 없다."[1] 어떤 철학이건 자신의 시대를 뛰어넘을 수 없다. 물론 위대한 철학자들의 글은 시공을 초월하여 큰 영감을 주는 고전이 된다. 그들은 자신의 시대적 문제를 철저하게 사유함으로써 궁극적으로는 인간의 보편적 문제를 포착하기 때문이다.

우리가 우크라이나전쟁으로 촉발된 21세기의 시대적 도전을 이해하기 위해 고전 철학자들의 지혜를 빌리고자 하는 것도 이 때문이다. 18세기와 19세기의 철학자들, 그중 독일 철학자들은 오늘날 우리가 처한 시대적 문제와 거의 유사한 사회적 문제를 겪었으며 이를 해결하려고 했다. 그들도 우리처럼 분열, 정치적·사회적 불안정, 적대감, 혁명과 군사적 갈등 같은 문제에 직면해 있었다. 18세기 독일은 중앙집권적 프랑스와 상황이 정반대였다. 독일은 정치적으로 '프로이센'과 '바이에른' 같은 큰 왕국 외에도 300여 개의 수많은 세속 공국과 교회 공국으로 분열되어 있었다. 그들이 끊임없이 충돌했기 때문에 외부의 군사적 위협과 정치적 불안정은 현실이었다.

이러한 현실에서 칸트와 헤겔 같은 관념론 철학자가 전쟁과 평화의 문제를 그 어떤 철학자보다 깊이 있게 성찰한 것은 우연이 아니다. 1945년 이래 비교적 '오랜 평화'가 지속되었지만, 20세기도 칸트와 헤겔이 철학적으로 파악하려고 노력했던 18세기, 19세기와 크게 다르지 않다. 한나 아렌트(Hannah Arendt)가 《혁명론》에서 정확하게 지적한 것처럼 "전쟁과 지금까지 혁명은 20세기의 흐름을 결정해왔다."[2] 전쟁과 혁명은 모두 폭력적 수단을 수반한다는 점에서 정당화의 과제를 안고 있다.

왜 우리는 전쟁을 하고 혁명을 일으키는가? 전쟁과 혁명은 서로 연관되어 있다. "혁명은 미국혁명에서 나타나듯 해방전쟁으로 시작되고 해방전쟁과 함께 전개되거나, 아니면 프랑스혁명에서 나타나듯 방어전과 공격전으로 이어졌다."[3] 전쟁과 혁명의 상호연관성은 우리의 역사만큼이나 오래전에 형성되었다. 근본적으로 새로운 사회와 시대를 시작한다는 혁명을 명분으로 전쟁이 발발할 수도 있고, 끔찍한 전쟁의 결과가 시대와 사회를 혁명적으로 변화시키기도 한다.

인류의 역사가 필연적으로 수반하는 전쟁과 혁명을 고찰하며, 한나 아렌트는 매우 흥미로운 관점을 도입한다. 바로 '자유'의 이념이다. 아렌트는 콩도르세(Marquis de Condorcet)의 말을 인용하여 근대와 함께 나타난 '자유의 출현'을 강조한다. "'혁명적'이라는 용어는 자유를 목표로 하는 혁명들에만 쓸 수 있다."[4] 이 말을 전쟁에 적용하면, 자유를 목표로 하는 전쟁만이—새로운 평화 사회를 구축한다는 점에서—생산적인 전쟁으로 정당화될 수 있다. 자유를 목표로 하지 않을 때 어떤 사회적 혁명도 폭력적으로 끝나듯이 자유를 위하지 않는 전쟁은 언제나 파괴적이고 비생산적이다. 1945년 이후 이어진 긴 평화는 두 번에 걸친 세계대전의 의미를 거꾸로 정당화한다. "오늘날에는 전쟁의 종결이 곧 혁명이라는 사실, 그리고 아마도 이것을 정당화할 수 있는 유일한 원인이 자유라는 혁명적 원인이라는 사실이 당연시되고 있다."[5]

우리는 20세기가 더 이상 전쟁의 세기가 되지 않을 수 있을 만큼 20세기의 지형을 바꾸는 데 성공했다고 믿었다. 그러나 이러한 믿음이 착각이었다는 사실이 우크라이나전쟁으로 분명하게 드러났다. 평화와 협상이 국제관계의 지배적 이데올로기가 되면서 사람들은 '오랜 평화'를 지속할 제도를 준비하는 대신 '전쟁 회피'를 모든 정책의 주요 원리로 삼아왔다. 무기는 개발하되 전쟁은 일어나지 않는 상황이 지속되면서 전쟁은 '탈군사화'되었다. 정치인들이 전쟁은 발발하지 않을 것이라고 희망할수록 군부는 전쟁을 대비하지 않았다. 그들 자신의 목적은 전쟁을 불가능하게 할 무기들을 개발하는 것이었다. 간단히 말하면, 우리는 전쟁의 가능성을 망각함으로써 전쟁이 소멸한 평화 시기를 대비하지 않았다.

칸트: 평화가 전쟁을 종식시킨다

전쟁과 평화를 균형 있게 다루었다는 점에서 칸트와 헤겔은 철학사상 독보적 위치를 차지한다. 칸트는 비교적 평화를 추구하는 '이상주의' 입장을 취하면서도 전쟁의 가능성을 부정하지 않고, 전쟁의 생산적 계기를 강조한 '현실주의'를 대변하는 헤겔은 인류 역사의 궁극적 목표가 평화여야 한다고 말한다. 1945년 이래 지속한 평화의 시기에 주목받은 것은 물론 헤겔보다는 이마누엘 칸트(Immanuel Kant)다. "지난 60년 동안 주요 전쟁이 대단히 쇠퇴한 것은 이마누엘 칸트의 상아탑 이론에 대한 뒤늦은 입증이라는"[6] 스티븐 핑커의 말은 이런 경향을 말해준다. 칸트가 말하는 '영구평화'는 아닐지라도 '긴 평화'가 이어졌다는 것이다.

전쟁과 혁명이 빈번했던 1790년 중반까지 유럽의 문학과 지성계에는 세계 평화에 대한 제언들이 넘쳤다. 그중에서도 1795년 출간된 칸트의 《영원한 평화를 위하여》라는 작은 책이 가장 큰 영향을 미쳤다. 영구평화를 꿈꿨지만 칸트가 몽상가는 아니었다. 칸트는 현실 정치에 영향을 줄 수 없는 철학자의 위치를 정확하게 알고, 가벼운 농담으로 이 책을 시작한다. "묘지가 그려져 있는 저 네덜란드의 어느 여관집 간판에 새겨져 있는 이 풍자적인 표제가 인간 일반에게 타당한 것인지, 아니면 특별히 전쟁에 싫증을 낼 줄 모르는 국가의 통치자들에게 타당한 것인지, 또는 단순히 이상향을 꿈꾸는 철학자들에게나 타당한 것인지는 미결정 상태로 유보해두자."[7] 당시 묘비명으로 "영원한 평화를 위하여(Zum ewigen Frieden)"라는 말이 사용되었다는 점이 인상적이다. 영원한 평화는 사후에야 얻어지는 것이라는 통념과는 반대로 칸트는 영구평화가 이곳에서 그리고 지금도 가능하다는 점을 이야기한다.

전쟁이 없다고 평화가 존재하는 것은 아니다. 칸트는 모든 적대행위의 종식을 뜻하는 평화는 단지 전쟁의 일시적 중지인 휴전에 불과하다면서, 전쟁의 소멸을 영원한 평화의 조건으로 만들려면 전쟁의 가능성을 근본적으로 제거해야 한다고 말한다. 칸트가 이상적으로 그리는 '영원한 평화'는 이성에 의해 자유가 완전히 실현된 상태다. 그것은 우리가 원죄를 통해 상실했던 낙원을 역사적 진보를 통해 복원한 것과 같다. 칸트는 〈추측해본 인류 역사의 기원〉이라는 글에서 이렇게 말한다. "최초의 인류 역사로부터 우리는 다음의 사실을 알아낼 수 있다. 즉 인간이 이성에 의해 인류의 최초의 거주지로 생각되었던 낙원으로부터 나온 것은 결국 순전한 동물의 조야한 상태로부터 인간성의 상태로, 또 본능의 유모차로부터 이성의 인도로 옮아간 것을 의미한다."[8] 인간은 동물이기 때문에 전쟁을 하고, 이성적이어서 평화를 추구한다. 칸트에 의하면 자연의 역사는 신의 작품이므로 선으로부터 시작하고, 자유의 역사는 인간의 작품이므로 악으로부터 시작한다. 이런 점에서 보면 전쟁은 인간이 저지르는 악인 것이다.

전쟁에 대한 칸트의 태도는 이중적이다. 한편으로 그는 전쟁이 인류문명을 위협하는 최고의 악이라고 생각한다. "문명화된 민족을 위협하는 최고의 악은 전쟁이라는 사실을 우리는 인정해야만 한다. 그러나 실제의 전쟁보다는 오히려 미래의 전쟁에 대비한 지속적이면서 점점 더 증가하는 준비가 더욱 그러한 악의 근원이 된다."[9] 피비린내 나는 현실 전쟁이 인간성을 파괴하지만, 종전 이후에도 지속되는 군비경쟁이 평화를 가장 위협한다는 것이다.

그렇다면 전쟁이 없으면 영원한 평화가 가능한가? 칸트는 이 물음과 관련하여 매우 흥미로운 예를 드는데 바로 중국이다. 중국은 유라시아 대륙이라는 지리적 위치로 인해 "강력한 적대국을 갖지 않았으므로 모든 자유의 흔적이 사라졌다"라는 것이다. 전쟁이 없는 평화의 상태에서 자유가 꽃피는 것이 아니다. 자유는 전쟁을 통해 보존되고 유지된다. 이런 관점에서 칸트는 정반대의 주장을 한다. "인류가 현재 누리고 있는 수준의 문화에서도 전쟁은 그 인류 문화를 계속 진보하게 하기 위한 불가결한 수단이다. 단지 완성된 문화의 상태에서만 영원한 평화가 인간에게 유익한 작용을 할 수 있을 것이다."[10] 칸트의 '영원한 평화'는 결코 힘에 의한 평정 상태를 의미하지 않는다. 우리의 자유를 위협하는 강력한 적대국이 없다면, 우리는 자유의 의미를 망각하고 자유에 대한 감각조차 상실해버린다. 일당 독재인 중국의 국내 상태를 과연 자유가 보장된 평화라고 할 수 있을까?

만약 '영원한 평화'가 역사가 완성된 문화 상태에서만 가능하다면, 영구평화는 역사의 이상적 목적일 뿐이다. 그렇다면 전쟁과 평화가 연이어 일어나는 실제 역사의 과정에서 우리는 어떻게 '영원한 평화'를 위해 준비해야 하는가? 이 물음과 관련하여 칸트는 여섯 가지 예비 조항을 우선 제시하고 영원한 평화를 위한 세 가지 원리를 확정한다. 영원한 평화를 위해 취할 수 있는 예비적 단계는 다음과 같다.[11] ① 평화조약은 전쟁의 가능성을 열어두어서는 안

된다. ② 어떤 국가도 다른 국가를 소유해서는 안 된다. ③ 상비군은 폐지되어야 한다. ④ 정부는 전쟁 자금을 조달하기 위해 국채를 발행해서는 안 된다. ⑤ 어떤 국가도 다른 국가의 체제와 통치에 폭력으로 간섭해서는 안 된다. ⑥ 전쟁 중이라 하더라도 장래의 평화 시기의 상호신뢰를 불가능하게 할 적대행위를 해서는 안 된다. 종전만으로는 영원한 평화를 실현할 수 없다는 것이다. 다른 국가의 존재와 정체를 인정하고 서로 신뢰하는 것만이 영원한 평화를 가능하게 한다. 영원한 평화를 위한 칸트의 예비 조항은 상호신뢰를 토대로 불간섭주의를 표방하는 것처럼 보인다.

국가 간의 영원한 평화를 위한 칸트의 세 가지 원리는 훨씬 더 매력적이다. 칸트는 전쟁이 이기적인 인간 본성에서 기인한다는 관점을 반박하고, 인간 이성을 훨씬 더 신뢰한다. 그는 〈계몽이란 무엇인가에 대한 답변〉에서 이렇게 말한다. "이제 누군가가 '우리는 지금 계몽된 시대에 살고 있는가?'라고 묻는다면, 그 대답은 다음과 같은 것이다. '아니다. 그렇지만 우리는 계몽의 시대에 살고 있다.'"[12] 이와 마찬가지로 우리는 이렇게 말할 수 있다. 우리는 지금 영원한 평화의 시대에 살고 있는가? 아니다. 그렇지만 우리는 영원한 평화가 가능한 시대에 살고 있다. 칸트는 이상주의자인 동시에 낙관주의자다. 그는 이성과 영원한 평화를 믿는다. 그러하기에 칸트는 영원한 평화의 세 가지 원리를 제시하기 위해 홉스의 현실주의적 입장에서 출발한다.

"함께 생활하는 사람들 사이에서의 평화 상태는 자연상태가 아니다. 자연상태란 전쟁의 상태이다. 이것은 적대행위가 계속 자행되고 있다는 것을 뜻하는 것이 아니라, 적어도 중단 없는 전쟁의 위협을 의미하는 것이다. 따라서 평화 상태가 수립되어야만 한다. 왜냐하면 적대행위의 중단은 아직 평화 상태에 대한 보증이 아니며, 그러한 보증의 이행을 촉구받고 있는 사람이 그것을 촉구한 이웃에게 그 보증을 이행하지 않는다면, 후자는 전자를 적으로 취급할 수 있기 때문이다."[13)]

그렇다면 우리는 국제관계에서 어떻게 전쟁이라는 자연상태에서 벗어나 평화적인 문명 상태로 나아갈 수 있는가? 칸트가 제시하는 영원한 평화의 세 가지 원리는 이러하다. ① 모든 국가는 민주적이어야 한다. ② 국제법은 자유로운 국가들의 연방 체제에 기초해야 한다. ③ 세계시민권은 보편적 환대에 국한되어야 한다. 만약 평화로운 국제질서를 보증할 강력한 '세계정부'가 가능하지도 않고 또 우리가 그것을 원하지도 않는다면, 독립적인 주권국가들 사이의 영원한 평화는 이 세 가지 조건을 충족해야 한다는 것이다.

첫째, 민주주의는 영원한 평화의 가장 필수적인 전제조건이다.

민주주의가 전통적으로 중우정치(衆愚政治)와 민중의 독재를 함축하는 까닭에 칸트는 민주주의보다는 공화주의라는 용어를 선호한다. 시민의 자유와 평등에 기반한 법치주의가 바로 공화주의다. 자유는 내가 합의할 수 있었던 것을 제외하고는 어떤 법률에도 복종하지 않을 권리이고, 평등은 어떤 사람이 자신은 법률을 준수하지 않으면서 동시에 타인에게 그 법률의 준수를 요구할 수는 없는 시민들 간의 관계다. 이러한 "법 개념의 순수한 원천에서 비롯된" 공화주의적 법치주의에서 자유란 근본적으로 "어떤 사람에게도 부당한 일을 행하지 않는 한에서의 행위의 가능성"[14]이다. 그러므로 민주적 공화제에서는 서로 싸울 가능성이 없다.

공화주의적 민주 정부는 오직 시민의 권리를 보호하기 위해서만 힘과 권력을 사용한다. 만약 다른 국가도 힘으로 통치되는 전제정체가 아니라 법치에 기반한 공화주의적 민주 정부라면 전쟁이 일어날 가능성은 거의 없다. 그뿐 아니라 공화주의적 민주 정부에서 전쟁 여부를 결정하려면 국민의 동의가 필요하다. 전쟁의 피해와 고통은 온전히 국민에게 가기 때문에 신중할 수밖에 없다. 반면 공화제가 아닌 권위주의적 독재체제에서 "전쟁 선포를 결정하는 것은 지극히 손쉬운 일이다. 왜냐하면 이때 지배자는 국가의 한 구성원이 아니라 소유자이며, 전쟁으로 인해 식탁의 즐거움이나 사냥, 궁전의 이전, 궁전의 연회 등등에 최소한의 지장조차 받지 않기 때문이다. 따라서 지배자는 보잘것없는 이유로도 한낱 즐거운 유희로서 전쟁을 결정한다."[15] 국가가 아무리 민주적이라 하더라도 지도자가 중요한 것은 이 때문이다.

둘째, 칸트는 영원한 평화를 보장할 국제법이 자유로운 국가들의 연방제에 기초해야 한다고 말한다. 국가들이 국제법의 제한을 받지 않는다면 그들은 서로 이웃하고 있는 것만으로도 벌써 서로서로 해치고 있다고 생각할 수 있다. 한국의 지정학적 조건을 생각해보라. 패권전쟁의 상황에서 서로 다른 진영에 속한 두 국가가 국경을 두고 서로 마주한다는 사실만으로도 전쟁의 잠재적 가능성은 커진다. 칸트에 의하면 이러한 국제적 분쟁을 해결하는 방법에는 두 가지가 있다. 하나는 일종의 국제적 리바이어던을 만들어 국가 간 갈등과 분쟁을 해결하는 것이고, 다른 하나는 전쟁을 절대적으로 탄핵하고 평화 상태를 직접적 의무로 부과하는 국제법으로 일종의 평화연맹을 맺는 것이다. 전자는 '국제 국가'의 모델이고, 후자는 '국제연맹'의 모델이다.

공화주의적 민주 정부가 국내의 평화를 가져오는 것처럼, 민주주의는 국가 간의 관계로 확대되어야 한다. 국제연맹은 자유로운 국가들의 민주적 관계다. "이 연맹은 국가 자체의 자유를 지속시키고 보호하며 그리고 (자연상태에서의 인간처럼) 그 연맹에 참가한 다른 국가들로 하여금 시민법에 복종시키거나 강제적으로 구속해야 할 아무런 이유가 없는 한, 다른 국가들의 자유를 보호하고 지속시킬 뿐이다. 이 연맹의 이념은 서서히 모든 국가로 확산되지 않으면 안 되며, 그럼으로써 영원한 평화로 인도해갈 이념의 실현 가능성은 분명해질 것이다."[16] 모든 국가가 민주적이라면 전쟁이 일어나지 않을 것이라는 전제는 너무 이상적이다. 그럼에도 우리는 칸트의 통찰로부터 한 가지 교훈을 얻을 수 있다. 민주적 국가는 다른 국가를 침략하거나 침략당할 위험성이 작은데, 비민주적 독재국가는 거꾸로 전쟁의 위협을 더 많이 느끼며 그만큼 다른 국가를 침략할 개연성도 높다는 것이다.

칸트의 세계연방제 제안은 국가들이 국제관계에서 나아가야 할 규범적 방향을 제시하지만 현실은 전혀 다르다. 모든 국가가 민주적이지도 않고, 국제관계가 민주적이지도 않다. 전쟁은 여전히 국가 간 분쟁을 해결할 중요한 정치적 수단이고, 국제법은 '전쟁을 할 수 있는 권리'로 인식된다. "국제법을 전쟁을 일으킬 수 있는 권리로 해석하는 사람들은, 서로 파멸에 이르도록 싸우다가 그들의 잔학함과 그 공범자 모두를 삼켜버릴 거대한 무덤 속에서나 마침내 영원한 평화를 발견하게 될 것이다."[17] 전쟁을 억제하고 제재할 강력한 국제 국가와 세계 공화국이 불가능하다면, 우리는 한편으로 전쟁을 준비하면서도 모든 국가가 구속되는 국제법을 강화해야 한다.

셋째, 지구촌 차원에서의 보편적 우호가 세계시민을 만든다. 우리는 세계화로 지구가 하나의 공동체로 발전했다고 믿었다. 오늘날 국가들은 역사상 그 어느 때보다 서로 밀접하게 연결되어 있으며, 국적이 어떻든 간에 사람들은 세계 어느 곳이든 방문할 수 있다. 우리는 바야흐로 '세계시민'이 된 것이다. 세계시민은 호혜적 환대와 우호에 기반한다. "환대(hospitality)란 한 이방인이 낯선 땅에 도착했을 때 적대적 대우를 받지 않을 권리"를 뜻한다. 영원한 평화를 실현하려면 우리는 국가, 인종, 종교, 문화와 상관없이 하나의 인간으로서 존엄한 대우를 받아야 한다. "사람들은 지구 위에서 무한히 흩어져 살 수 없는 까닭에 결국 서로의 존재를 인정해야만 한다. 본래는 어떤 사람도 지구상의 특정 지역에 대해 남보다 더 우선적인 권리를 갖고 있지 않다."[18] 세계여행을 해본 사람은 인종과 문화의 다양성을 당연한 것으로 받아들인다. 이러한 다원주의는 결국 갈등과 충돌의 가능성을 약화한다.

21세기에 재점화된 제국의 충돌은 세계화의 흐름을 약화하고 있다. 팬데믹으로 국제적 교류가 중단된 시점에 우크라이나전쟁이 터졌다. 그러나 이런 사건이 세계화의 거대한 흐름을 막지는 못할 것이다. 사람들의 신체적 접촉은 제한되었을지 몰라도 우리는 여전히 인터넷으로 밀접하게 연결되어 있다. 우리는 세계 곳곳에서 지금 어떤 일이 일어나는지를 속속들이 알고 있다. 칸트는 "지구의 한 곳에서 이루어지는 권리침해를 다른 모든 곳에서 느낄"[19] 정도로 지구 공동체가 발전했다고 진단한다. 이러한 세계시민사회가 전쟁을 얼마나 막을 수 있을지는 모르지만, 영원한 평화를 위한 국제법의 발전을 보완할 것임은 틀림없다.

칸트가 영원한 평화를 위해 제안한 세 가지 원리는 모두 법의 원리다. 공화주의에 기반한 '시민법(ius civitatis)', 국가 간 민주적 관계를 규정한 '국제법(ius gentium)', 그리고 환대와 우호에 기반한 '세계시민법(ius cosmopoliticum)'은 영원한 평화의 조건이며 기반이다. 그런데 인류의 역사는 국제관계에서 법의 지배가 언제나 전쟁을 수반했음을 보여준다. 전쟁과 평화의 관계를 법의 관점이 아닌 역사적 관점에서 보면, 우리는 칸트보다는 헤겔의 목소리에 귀를 기울이게 된다.

헤겔: 전쟁이 평화를 가져온다

전쟁과 평화에 대한 칸트의 고찰이 공시적이라면, 헤겔의 관점은 통시적이다. 프랑스대혁명을 통해 분출된 자유의 이념을 그 어떤 철학자보다 열렬히 환영한 헤겔은 자유가 단순히 이성만으로 실현되지 않는다는 사실을 알았다. 프랑스대혁명이 공포정치를 초래했다는 사실을 어떻게 이해할 수 있는가? 전쟁이 종종 자유를 실현할 국가를 건강하게 유지시킨다는 역설을 어떻게 이해해야만 하는가? 헤겔은 이 물음에 역사적 관점에서 대답하려고 한다. 칸트가 '윤리학자'로서 전쟁과 평화의 문제를 다루었다면 헤겔은 '역사철학자'로서 이 문제에 접근한다.[20]

헤겔에 의하면 "세계 역사는 자유 의식의 진보다."[21] 예컨대 고대 동양에서는 한 사람만 자유롭고, 그리스와 로마 사회에서는 몇몇 사람이 자유로웠다면, 프랑스대혁명을 계기로 우리는 오늘날 모든 사람이 자유롭다는 사실을 알고 있다. 모든 사람이 자유롭다는 것은 물론 의식의 차원이며, 현실에서 모든 사람이 자유롭지는 않다. 노예제가 이미 오래전에 철폐되었는데도 여전히 노예처럼 살아가는 사람들도 있다. 그러나 우리는 의식적으로 인간은 인간으로서 그 자체가 자유롭다는 사실을 알고 있다. 이런 점에서 자유는 인류가 역사적으로 실현해야 할 보편사적 목적이다.

헤겔은 자유를 향해 달려가는 인류의 역사 과정이 이성적이기만 한 것은 아니라는 사실을 잘 알고 있다. 자유 자체보다 자유를 실현할 수단에 초점을 맞추면, 우리는 역사 현상으로 시선을 돌릴 수밖에 없다. 자유의 이념이 아무리 고상하고 이상적이라 하더라도 그것을 실현할 외부 수단이 필요하다는 것은 필연적이다. 헤겔은 이런 관점에서 역사를 자유와 또 다른 필연성의 변증법적 통일로 파악했다. 간단히 말하면, 자유의 이념은 전쟁과 평화의 변증법을 통해 실현되는 것이다. 헤겔은 고대 시대의 전쟁사뿐 아니라 유럽 전쟁의 역사에도 정통했다. 이러한 인식은 그의 초기 저서만이 아니라 성숙기의 많은 작품에서 분명하게 나타난다. 헤겔의 관심은 물론 군사적 갈등을 순수하게 역사학적으로 서술하는 것이 아니다. 그는 자유의 진보라는 역사적 과정에서 전쟁이 갖는 철학적 의미를 엄격하게 이론화하려고 했다.

전쟁과 평화 문제에 대한 헤겔의 이론적 입장은 칸트의 입장과 극명하게 대조된다. 헤겔은 전쟁 현상에 대한 비판적 사색을 통해 각각의 전쟁이 갖는 역사적 특수성의 한계를 극복하려 한다. 그는 보편적 관념론자로서 전쟁을 역사적 필연성으로 나타나게 만드는 근본원리를 밝히려 했다. 전쟁은 역사적으로 필연적이다. 전쟁은 사회적으로 많은 변화를 가져오며, 평화 실현을 위해 국가를 건강하게 만든다. 이러한 전쟁의 역사적 필연성을 제대로 인식하지 못하고 오직 영원한 평화만을 추구한다면, 그것이 오히려 우리를 파국으로 인도할 것이다.

헤겔은 초기에서 후기까지 일관성 있게 전쟁의 필연성을 강조한다. 국가주권을 방어해야 한다는 문제가 발생하면 전쟁은 모든 개인의 의무가 된다. 전쟁이 발발했다고 해서 많은 국민이 도피한다면, 그것은 건강한 국가라고 할 수 없다는 것이다. 전쟁의 위험이 고조되는 상황에서 해외로 도피할 비행기표부터 구하는 사람은 결코 국가의 건강한 시민이 아니다. 2001년 시작된 아프가니스탄 전쟁이 2021년 20년 만에 허망하게 끝나던 장면을 떠올려보라. 아프가니스탄 정부는 이슬람 무장 조직 탈레반에 항복하고, 아슈라프 가니(Ashraf Ghani) 대통령은 카불이 함락되기도 전에 사퇴하고 다른 나라로 도망을 갔다. 이런 나라를 과연 국가라고 할 수 있는가?

헤겔은 〈독일 헌법〉(1801~1802)이라는 글을 매우 인상적인 문장으로 시작한다. "독일은 더 이상 국가가 아니다."[22] 평화 상태에서든 전쟁 상태에서든 국민을 통합할 수 있는 헌법과 그것을 보장할 힘이 없다면 국가라고 할 수 없다. "국가의 건강은 일반적으로 평화의 안정 속에서뿐만 아니라 전쟁의 운동 속에서도 나타난다. 전자는 즐거움과 고립된 운동의 상태인데, 이 경우 정부는 피통치자에게 단지 평범한 것만을 요구하는 가부장적 온정주의다. 그러나 전쟁에서는 모든 사람과 전체의 연합의 힘이 나타난다. 즉, 이러한 연합이 모든 사람에게 얼마나 많은 요구를 할 수 있도록 조직되어 있는지, 그리고 그들이 전체를 위해 자신의 성향과 심정에서 할 수 있는 것이 얼마나 유용한지가 나타난다."[23]

국가의 건강은 전체로서의 국가와 그 구성원인 국민의 관계로 평가된다. 위의 인용문에서 알 수 있듯이 헤겔은 평화 상태에 대해 매우 회의적이다. 평화 시기에 개인들은 일상생활의 수렁에 빠져 자신이 속한 국가의 정신적 관계를 상실하는 까닭에 평화는 무엇보다 '국가의 도덕적 건강'을 훼손한다. 헤겔은 《법철학》에서 이러한 현상을 "전쟁의 인륜적 계기(the ethical moment of war)"[24]라는 유명한 명제로 압축한다. 한 국가가 도덕적으로 건강하기 위해서는 전쟁이 필수적이다. 이런 관점에서 헤겔은 칸트의 영구평화론을 정면으로 반박한다. 왜 전쟁이 필요한가? 헤겔의 말을 들어보자.

"평화 시에 시민 생활은 더욱 확대되고 모든 영역은 저마다 자리를 잡게 된다. 이것은 장기적으로 사람들을 나태해지게 만든다. 그들의 특수성은 더욱더 경직되고 화석화된다. 그러나 건강을 위해서도 신체의 통일은 필요할 뿐 아니라 만약 각 부분이 제각기 경화되어버리면, 여기엔 죽음이 있을 뿐이다. 영원한 평화는 자주 인류가 지향해야 할 이상으로 요구되었다. 칸트는 국가 간의 분쟁을 조정해야 할 군주동맹을 제창했고, 신성동맹은 거의 이것을 제도화하려는 의도를 가진 것이었다. 그러나 국가는 개체일 뿐이고, 그리고 이 개체성 속에는 부정이 본질적으로 내포되어 있다. 그러므로 비록 다수의 국가가 하나의 가족을 이루더라도, 이 연합체는 개체성을 띠고 다시금 대립을 조성하면서 적을 산출할 수밖에 없다. (…) 하여간 전쟁은 그것이 사태의 본성에 뿌리를 두고 있는 한 발생하기 마련이다. 씨앗은 다시 싹터 오르게 마련이듯이 말놀이는 결국 역사의 엄숙한 반복 앞에서 침묵하고 말 것이다."[25]

전쟁은 가혹하고 잔인하지만, 국가를 건강하게 만든다. 국가가 윤리적으로 건강하다는 것은 국민과 국가의 관계가 하나의 통일성을 가진다는 의미이다. 평화의 시기가 계속되면, 개인은 국가와 분리되어 자신의 이익과 행복만 추구한다. 바람의 움직임이 바다의 부패를 막는 것처럼 전쟁은 국가의 몰락을 막는다. '좋은 전쟁'은 내부의 불안과 동요를 방지하고, 대내적인 국가권력을 강화한다. "죽음을 두려워하면, 우리의 자유는 죽게 된다."[26] 헤겔의 이 말은 그의 현실주의적 관점을 잘 보여준다.

국가주권이 침해되는데도 감수하거나 두려워하는 국민은 다른 국가에 예속당한다. 국가권력이 정립되지 못하면 자주독립을 이루기란 쉽지 않다. 그뿐 아니라 자국의 독립을 군사력으로 보장할 수 없는 국가는 필연적으로 다른 국가에 의존하게 된다. 칸트가 영원한 평화의 예비 조건으로 상비군 폐지를 설정했다면, 헤겔은 국가의 독립을 위해 상비군이 필연적이라고 역설한다. 국가의 개체성을 위해 희생하는 것은 국민의 보편적 의무이다.[27]

헤겔이 국제법의 가능성에 대해 지극히 회의적인 것은 인간 본성에 깊이 뿌리 내린 전쟁의 원인 때문이다. 국가는 하나의 국가로서 행동할 자신의 권리를 결코 배제할 수 없다. 그것은 결코 계약으로 제약될 수 없다. 국제법은 그것을 강제할 수 있는, '세계국가' 같은 상위 권력이 존재할 때에만 구속력이 있다. 세계국가와 같은 상위 권력은 존재하지 않기 때문에 국가들은 어쩔 수 없이 상호 자연 상태에 있을 수밖에 없다. 따라서 영원한 평화를 담보할 국제법은 칸트의 정언명법(定言命法)처럼 하나의 이상과 당위로만 머문다.

헤겔은 전쟁의 선과 악, 전쟁 도발자의 옳고 그름에 관한 도덕적 가치판단에는 관심이 없다. 자유를 실현하는 역사 과정에는 전쟁이 필연적이기 때문에 전쟁을 통해 어떻게 보다 윤리적인 사회로 발전할 것인가의 문제만 중요한 것이다. 실제로 일어나는 전쟁의 원인을 추론할 때, 그것은 결코 절대악과 절대선 사이의 문제가 아니다. 평화를 절대선으로 생각하면 전쟁은 당연히 절대악이 된다.

그렇다면 우리는 전쟁을 어떻게 판단해야 하는가? 헤겔은 전쟁의 의미를 판단하는 것이 우리가 아니라 역사라고 말한다. 헤겔이 《법철학》을 "세계사"라는 장으로 갈무리한다는 점은 매우 시사적이다. "세계사는 하나의 법정이다."[28] 인류의 역사 전체가 자유의 이념을 실현하는 과정이라면, 이러한 과정을 진행하는 주체는 "세계정신"이다. 알렉산드로스(Alexandros), 카이사르(Caesar), 칭기즈칸, 나폴레옹(Napoléon), 프리드리히(Friedrich)대왕, 링컨(A. Lincoln)과 같은 위대한 인물이 역사에 등장하게 만든 것이 바로 세계정신이다. 이 역사 과정에는 물론 히틀러(A. Hitler)와 스탈린(I. V. Stalin)과 같은 인물도 등장한다. 모두 전쟁의 영웅이거나 원흉이다. 헤겔은 이러한 개인, 민족 및 국가가 세계정신의 전개에 공헌하지만, 그들

각자가 자신의 현실적 이익에 몰두함으로써 자유를 실현하는 세계 정신의 담당자가 된다는 것이다.

21세기 계몽된 시대를 살아가는 우리는 더 이상 헤겔의 "이성의 간계(List der Vernunft, Cunning of Reason)"[29]를 믿지 않는다. 행동하는 사람들 스스로는 의식하지 못하지만 그들이 실은 거대한 역사적 목표를 실현하는 도구라는 것 말이다. 우리의 현실이 아무리 폭력적이고 야만적일지라도 역사의 흐름은 전체적으로는 이성적으로 전개된다는 헤겔의 말은 이제 위로가 되지 않는다. 인간의 행위를 최종적으로 판단할 역사의 법정보다는 현재의 폭력적 갈등을 해결할 합리적 방법이 더 필요하다. 전쟁의 정당성과 부당성을 심판할 보편사가 과연 존재하는가? 어떤 전쟁이 좋은 전쟁이고 어떤 전쟁이 나쁜 전쟁인가? 역사의 종말에 관한 헤겔의 생각은 전쟁의 필연성에 대한 그의 현실주의적 의견을 약화한다.[30]

칸트와 헤겔은 전쟁과 평화처럼 결코 양자택일의 문제가 아니다. 칸트가 영원한 평화를 제창하지만 전쟁을 부정하지 않는 것처럼, 헤겔은 전쟁의 의미를 강조하면서도 평화가 역사의 목적이라는 점을 망각하지 않는다. 어떤 관점을 선택하든 칸트와 헤겔은 여전히 전쟁과 평화의 문제에서 사유의 좋은 이정표이다. 하지만 이정표를 선택하기 전에 전쟁의 원인부터 파악해야 한다. 전쟁이 일어나는 현실적 문제를 직시하지 않고는 평화의 길을 닦을 수 없기 때문이다.

4장

전쟁은 왜 일어나는가

마키아벨리가 현실에서 발견한 이성

전쟁은 국가 간에 이루어지는 정치적 수단이다. 그렇다면 우리는 국가가 왜 국제관계에서 겪는 갈등과 충돌을 전쟁이라는 극단적 수단으로 해결하려 하는지를 이해해야 한다. 전쟁의 원인과 과정, 그리고 그 결과를 단지 역사적으로 기술하는 대신 그 본성을 탐구해야 한다. 어떤 정치사상가도 니콜로 마키아벨리(Niccoló Machiavelli)만큼 국제적 관계의 문제를 예리하고 깊이 있게 천착하지 못했을 것이다. 마키아벨리는 1498년 29세의 나이로 피렌체 공화정에 참여하여 1512년 스페인의 공격으로 피렌체 공화정이 무너지고 메디치가의 군주정이 복원되어 공직에서 추방될 때까지 14년 동안 외교를 담당하는 제2서기장으로 활동하면서 이탈리아와 유럽의 권력관계를 경험하고 분석했다.

마키아벨리는 위기의 정치철학자다.[1] 우리는 르네상스 시대를 문화적 황금기로만 기억하는 경향이 있으나 실제로는 다양한 권력관계 속에서 사회적 안정을 구축해야 하는 위기의 시대였다. 서로마제국이 476년 그리고 동로마제국이 1453년에 멸망함으로써 유럽 대륙에 평화체제를 구축했던 고대 로마제국이 사라지자 특히 이탈리아는 중심 세력의 부재로 사분오열되었다. 이러한 권력 공백의 시기에 중세 유럽 권력의 두 축이었던 황제권과 교황권이 이탈리아에서 맞부딪쳤다. 교황은 신성로마제국에 대항하여 프랑스의 앙주 가문(Angevins)에 도움을 요청했고, 그것은 프랑스 왕국의 나폴리 지배로 이어졌다. 이러한 권력 갈등은 이탈리아 내 다양한 세력들 간의 경쟁을 초래했다. 1454년 베네치아와 밀라노 간에 로디(Lodi) 조약이 체결되어 당시 이탈리아 5대 세력이었던 교황령(敎皇領), 나폴리 왕국, 밀라노 공국, 베네치아 공화국, 피렌체 공화국이 평화체제에 들어갔다.

그러나 힘으로 구축되지 않은 평화체제는 안정적이지도 않고 오래가지도 않는다. 프랑스의 침입으로 이들이 동맹을 맺어 대항하고, 프랑스 세력을 이탈리아에서 내쫓기 위해 스페인, 신성로마제국과 영국까지 끌어들였다. 외세에 대항하기 위해 다른 외세를 끌어들이는 것은 결코 해결책이 되지 않았다. 이탈리아를 지배하는 세력권이 프랑스에서 스페인으로 넘어갔을 뿐이다. 마키아벨리를 축출했던 메디치 정부가 프랑스군의 로마 약탈로 마침내 붕괴하고 공화정이 복원되는 1527년에 마키아벨리는 세상을 떠났다. 나폴리 왕국 군대의 침공(1479년), 프랑스 샤를 8세의 침공(1494년), 그리고 스페인 군대의 침공(1527년) 등 수많은 전쟁으로 점철된 위기의 시대에 마키아벨리가 꿈꾼 것은 오직 '국가'였다. 그가 《군주론》의 마지막 장에서 "야만족의 지배로부터 이탈리아의 해방을 위한 호소"[2]를 하는 것은 이 때문이다.

니콜로 마키아벨리의 유일한 관심은 어떻게 국가를 수립하는가였다. 오늘날 우리는 국가를 매우 당연하고 자연스러운 정치질서로 여기지만 당시에는 창조해야 할 대상이었다. 역사학자 야코프 부르크하르트(Jacob Burckhardt)가 정확하게 파악한 것처럼, 당시 이탈리아에서 "국가는 계산이 가능한, 의식적인 창조물이고, 예술작품이다."[3] 어떻게 전쟁을 막고 평화를 구축할 국가를 만들 수 있는가? 국가의 이성적 근거는 무엇인가? 마키아벨리는 이 물음에 답함으로써 16세기 말부터 널리 쓰이기 시작하여 오늘날 일상어가 된 '국가이성(ragione di stato, raison d'état)' 개념을 정초했다. "독일은 국가가 아니다"라고 진단한 헤겔이 마키아벨리에게로 돌아가는 것은 이 때문이다. "이탈리아는 하나의 국가여야 한다. 황제가 여전히 최고 봉건 영주로 여겨지던 당시 이것은 근본원리였다. 마키아벨리는 이러한 일반성을 전제하고 요구한다. 이것이 조국의 불행에 맞서는 그의 원리였다."[4] 마키아벨리에게 국가는 당시의 위기를 극복할 수 있는 유일한 방법이었다. 이런 맥락에서 헤겔은《군주론》을 정치철학서로 올바로 이해하려면 국가이성을 강조한 맨 끝 장부터 읽어야 한다고 말한다.

우리가 지금 전쟁과 평화의 관점에서 마키아벨리에게 관심을 두는 이유는 간단하다. 그는 국가이성을 어디에서 발견했는가? 마키아벨리가 발견한 국가이성의 토대는 플라톤 전통의 자연법이 아니다. 마키아벨리는 안정된 정치질서인 국가를 건립하려면 "이론이나 사변보다는 사물의 실제적 진실"[5]에 관심을 기울여야 한다고 강조한다. 마키아벨리가 말하는 '실제적 진실(verità effettuale)'은 현실 속에서 작용하는 이성이다.

마키아벨리는 현실주의자다. 그는 결코 정치적 권력관계를 평화라는 이상의 관점에서 바라보지 않는다. 마키아벨리는《군주론》에서 현실의 맥락을 무시하고 시공을 초월하는 윤리적 이상과 규범으로부터 도출된 정치적 방침은 쓸모가 없을 뿐 아니라 위험하다고 말한다. "많은 사람이 현실 속에 결코 존재한 것으로 알려지거나 목격된 적이 없는 공화국이나 군주국을 상상해왔다. 그러나 '인간이 어떻게 살고 있는가'는 '인간이 어떻게 살아야 하는가'와는 너무나 다르기 때문에, 일반적으로 행해지는 것을 행하지 않고, 마땅히 해야 할 것을 행해야 한다고 고집하는 군주는 권력을 유지하기보다는 잃기가 십상이다. 어떤 상황에서나 선하게 행동할 것을 고집하는 사람이 선하지 않은 많은 사람에게 둘러싸여 있다면, 그의 몰락은 불가피하다. 따라서 권력을 유지하고자 하는 군주는 상황의 필요에 따라서 선하지 않을 수 있는 법을 배워야만 한다."[6]

정치적 지도자가 사용할 수 있는 '선하지 않은 방법'이 무엇을 의미하는지는 분명하다. 그것은 폭력과 전쟁이다. 스스로 방어할 힘을 가지지 못한 국가는 필연적으로 멸망한다. 우리가 추구하는 정치질서의 이상이 아무리 고상하더라도 그것을 실현할 힘이 없다면 공허할 뿐이다. 마키아벨리는 이러한 사실을 매우 간단한 명제로 표현한다. "무장한 예언자는 모두 성공하지만, 무장하지 않은 자는 실패한다."[7] 평화는 말만으로 이루어지지 않는다. 힘을 키우지 않고, 또 필요할 때 전쟁을 할 수 있는 능력이 없는 국가는 필연적으로 멸망한다. 그것이 마키아벨리가 현실 속에서 발견한 국가이성의 진실이다.

전쟁을 다시 생각한다는 것은 현실 속에서 이성을 발견한다는 것과 같다. 갈등, 폭력, 전쟁으로 가득 찬 현실을 외면하고 입으로만 평화와 신뢰를 부르짖는다면, 그것이 오히려 지속적으로 평화로운 권력관계를 해친다. "군주가 전쟁에서 이기고 국가를 보존하면, 그 수단은 모든 사람에 의해서 항상 명예롭고 찬양받을 만한 것으로 판단될 것이다."[8] 전쟁에서 이기는 것과 국가를 보존하는 것은 필연적으로 연결되어 있다.

마키아벨리는 물론 전쟁이라는 정치적 수단이 나쁘기는 하지만 국가 보존을 위해 필요한 '악'이라고 파악하는 데 그치지 않는다. 그에게 권력 욕망은 인간의 본성과 가깝다. "영토 확장의 욕구는 매우 자연스럽고 정상적인 욕구이며, 유능한 자들이 이를 수행할 때 그들은 항상 칭송받으며, 칭송받지 못하는 경우에도 적어도 비난받지는 않는다. 그러나 성취할 역량이 없는 자들이 경우를 가리지 않고 이를 추구하려고 할 경우, 그것은 비난을 받을 수 있는 실책이 된다."[9] 만약 영토 확장을 위한 정복 전쟁이 자연스럽고 정상적인 욕구에 기인한다면, 우리는 전쟁을 단지 도덕적으로 비난하는 것만으로는 지속 가능한 평화체제를 구축할 수 없다. 전쟁을 극복할 방법은 오직 전쟁의 논리 그 안에 있다.

전쟁에 관한 이상주의와 현실주의

전쟁과 관련한 철학적 입장은 항상 '이상주의'와 '현실주의'의 두 전통으로 갈라졌다. 두 가지 전통적 노선은 마키아벨리에 관한 프리드리히 니체(Friedrich W. Nietzsche)의 평가에서 매우 선명하게 표현된다. 니체는《우상의 황혼》에서 마키아벨리에 대한 정신적 친화성을 드러내며 이렇게 말한다. "나의 휴식, 나의 선호, 온갖 플라톤주의로부터의 나의 치료가 되었던 것은 언제나 투키디데스였다. 투키디데스와 그리고 아마도 마키아벨리의 《군주론》이 나 자신과 가장 유사한 것은 무엇으로도 자신을 속이지 않으며 이성을 '현실'에서 보려고 하는 무조건적 의지 덕택이다. 이들은 이성을 '이성' 안에서 보려 하지 않으며, '도덕' 안에서는 더더욱 보려 하지 않는다."[10] 니체가 계승하고자 하는 투키디데스와 마키아벨리의 현실주의는 플라톤주의와 대립한다.[11]

전쟁의 참상을 경험하면, 우리는 예외 없이 이성에 호소한다. 그런데 어떤 이성인가? 그것이 문제다. 이상주의가 이성으로부터 출발해 현실로 접근하려 한다면, 현실주의는 현실 자체에서 이성적 계기를 발견하려 한다. 이런 맥락에서 현실주의와 이상주의의 노선을 간단히 살펴보자. 전쟁과 평화, 무력과 법의 사용, 국가적 이기심과 보편적 조직의 특징을 분석할 때 이상주의와 현실주의는 오늘날에도 여전히 관련이 있는 두 가지 지배적인, 이데올로기적 전통이다. 두 전통 모두 고대 그리스에서 시작되었다. 두 갈래의 노선은 종종 '플라톤 전통'과 '투키디데스 전통'으로 불린다.[12]

국제관계에 관한 이론에서 투키디데스 전통은 《펠로폰네소스 전쟁사》에서 시작한다. 기원전 5세기 고대 그리스의 역사가 투키디데스는 이 책에서 아테네와 스파르타 간의 펠로폰네소스전쟁

(431~404)을 기록하면서 "정치적 현실주의(political realism)"의 이론적 기반을 마련했다. 투키디데스에 따르면 무력 사용은 강자의 정치적 행동의 규범이다. 투키디데스는 아테네와 스파르타 사이의 전쟁 원인을 폭로하면서 이렇게 말한다. "아테네가 강대해져 라케다이몬인에게 공포심을 불러일으킨 것이 전쟁을 필연적으로 일으켰다."[13] 훗날 투키디데스의 함정으로 많이 알려진 전쟁의 원인은 신흥 세력과 지배 세력의 갈등이다.[14]

이러한 전통은 전쟁을 국제관계의 필연적 요소로 파악한다. 로마의 정치가이자 철학자인 키케로(Marcus Tullius Cicero)는 전쟁의 권리를 거룩하게 여겨야 한다고 주장한다. 그에 의하면 갈등을 해결하는 데는 두 가지 경쟁 방식이 있는데, 하나는 토론에 의한 경쟁이고 다른 하나는 힘에 의한 경쟁이다. 설령 전자가 인간에게 합당한 방식이고 후자는 짐승에게 합당한 방식이라 할지라도, 평화롭게 살기 위해 우리는 전쟁을 수행할 수 있어야 한다. 이런 관점은 투키디데스에서 시작하여 키케로, 마키아벨리와 홉스를 거쳐 니체와 슈미트(Carl Schmitt)로 이어진다.

이에 반해 플라톤은 갈등과 불화 자체를 반이성적인 것으로 파악한다. 이상국가는 근본적으로 갈등이 없는 국가다. 여기서는 이성이 욕구와 감정을 통제하기 때문이다. 기원전 300년경 아테네에서 발전한 스토아학파는 투키디데스 노선에 반대하여 전쟁과 평화 문제에 대한 다른 해석을 제시했다. 플라톤 사상을 발전시킨 스토아학파는 보편적 이성에 따라 형성되고 존재하는 '통일세계국가'에 관한 사상을 발전시켰다. 스토아학파는 인간 자유의 개념을 지구 규모의 새로운 수준으로 끌어올려 '세계시민' 개념을 발전시켰다. 간단히 말해 세계시민은 도덕적으로 계몽된 개인을 전제하므로 인류가 도덕적으로 통일되어 평화를 이룰 수 있다는 것이다.

한 세기 후 스토아학파의 세계시민 사상은 하나님의 형상대로 창조된 인류의 통일에 관한 기독교 세계관의 기초가 되었다. 우리에게는 '신국론'이라는 제목으로 알려진 아우구스티누스(Aurelius Augustinus)의 저서 《하나님의 도성(De Civitate Dei)》은 413~427년에 쓰였으며, 전쟁과 평화를 이해하는 데 중요한 두 가지 아이디어를 제공한다. 아우구스티누스는 인간의 역사를 '천상의 도성(The Heavenly City, Dei civitas)'과 '지상의 도성(The Earthly City, Terrena civitas)'의 공존으로 이해한다. 그는 《하나님의 도성》 제11권 1장에서 이렇게 말한다. "이제 나는 두 도성, 곧 천상의 도성과 지상의 도성의 기원과 과정과 당연한 종국을 논하기 위해 노력하겠다. 이미 말한 대로, 두 도성은 현세에서는 서로 섞여 있으며 얽혀 있다고 하겠다."[15] 우리가 살아가는 현실 속에서는 천상의 도성과 지상의 도성, 이성과 욕망, 평화와 전쟁이 뒤섞여 있다는 것이다.

아우구스티누스의 두 번째 생각은 "정의로운 전쟁"의 개념에 내

포된 정의로운 왕국의 중요성에 대한 이해다. 이웃 민족들이 평화를 지키고 항상 정의롭게 처신하며 결코 악으로써 도발을 감행하지 않았다면 로마제국은 형성되지 않았을 것이라고 아우구스티누스는 말한다. 모든 왕국이 제국의 욕망을 버리고 이웃과 조화롭게 기쁨을 나누었더라면 인간사는 훨씬 더 행복했을 것이다. "전쟁을 벌여서 이웃을 완전히 복속시켜 지배권을 확대하는 일은 악인들에게는 행복으로 보이지만, 선인들에게는 어쩔 수 없는 필연성이다."[16] 전쟁으로 기쁨을 느끼는 사람은 악인이지만, 전쟁은 선인에게도 필연적이다. 그렇다면 전쟁을 하더라도 정의롭게 수행해야 한다. "현자는 정의의 전쟁을 할 것이다. 그는 자기가 사람인 것을 생각한다면, 그 정의의 전쟁이 필요한 것을 도리어 통탄하지 않을 것인가? 정의에 입각한 것이 아니면 그는 그런 전쟁을 하지 않을 것이며, 따라서 모든 전쟁을 면할 것이다."[17]

'정의로운 전쟁' 이론은 이처럼 전쟁의 필연성을 어쩔 수 없이 인정한다. 전쟁은 악이지만, 전쟁을 할 수밖에 없다면 정의로운 전쟁을 해야 한다는 것이다. 전쟁의 폭력적 행위마저 어떻게 해서든 도덕적으로 통제하려는 이상주의의 관점 역시 전쟁의 현실을 받아들일 수밖에 없는 것이다. 정의로운 전쟁을 하게 만드는 것은 전쟁의 참상을 통해 드러나는 비인간적 비행이다. 병사와 시민을 구별하고, 대량살상무기를 제한하는 조치는 폭력의 정도를 줄일 수는 있어도 전쟁 자체를 없애지는 못한다.

전쟁의 계몽은 이상주의의 산물이다. 플라톤 전통이 16세기부터 시작된 르네상스와 계몽주의와 함께 강력하게 대두되었다는 사실은 결코 우연이 아니다. 이 노선은 마키아벨리의 저서에서 분명하게 표현된 투키디데스 전통을 정면으로 반대했다. 이러한 이상주의의 노선이 오늘날 국제관계의 법적·윤리적 토대를 구축하려는 자유주의 이론으로 계승되고 있다. 플라톤에서 시작하여 아우구스티누스를 거쳐 에라스무스(Erasmus), 칸트, 로크(John Locke)로 이어지는 이상주의 전통은 현실을 뛰어넘는 이성을 요청한다. 그들은 갈등이 내재한 현실 속에서는 현실을 극복할 방법을 찾을 수 없다고 믿기 때문이다.

우리는 '이성' 속에서 현실을 구할 이성을 찾아야 하는가? 아니면, 권력과 갈등으로 점철된 '현실' 속에서 그것을 통제할 이성을 찾아야 하는가? 투키디데스와 플라톤은 결코 자신들의 책을 현실이 배제된 진공 공간에서 쓴 것이 아니다. 그들의 책은 펠로폰네소스전쟁이라는 시대적 도전에 대한 응답이었다. 플라톤 이상주의와 투키디데스 현실주의가 두 갈래로 갈라지게 만든 것도 사실은 '전쟁'이었다. 전쟁에 관한 어떤 이상주의적 접근도 궁극적으로는 전쟁이라는 현실을 부정할 수 없다.

이런 점에서 이제 현실주의와 이상주의는 점점 더 가까워질 것이다.[18] 국제적 협동의 제약을 강조하는 측과 그러한 협동의 기회를 강조하는 측 사이의 논쟁이 사라지지 않을 것이기 때문이다. 우리의 구체적 세계는 결코 '빛의 자식들'과 '어둠의 자식들'이 벌이는 선악의 전쟁이 아니다. 순수한 이상주의자는 단지 서로 갈등하는 세력들의 권력투쟁을 과소평가하고, 현실주의자는 이러한 현실적 권력에 압도되어 종종 그 안에 있는 이성적 계기를 간과할 뿐이다. 두 관점의 간격을 좁히기 위해서도 우리는 결국 전쟁의 현실을 직시해야 한다. 그렇다면 플라톤과 투키디데스의 두 관점을 생산한 펠로폰네소스전쟁은 왜 일어난 것인가? 이 물음에 대한 답이 현재 우리가 겪고 있는 우크라이나전쟁을 이해하는 데 도움이 될 것이다.

전쟁의 원인과 계기: 아리스토파네스, 투키디데스 그리고 플라톤

1914년 6월 28일, 보스니아 사라예보에서 제1차 세계대전을 촉발하는 불꽃이 일어났다. 오스트리아-헝가리제국 황제 프란츠 요제프(Franz Joseph I)의 조카이자 왕위 후계자인 프란츠 페르디난트(Franz Ferdinand) 대공과 그의 아내가 세르비아계 민족주의자 가브릴로 프린치프(Gavrilo Princip)의 총격으로 암살되는 사건이 일어난 것이다. 이 사건으로 오스트리아-헝가리제국과 세르비아가 대립하자 러시아는 세르비아 편을 들었다. 세르비아에 대한 보복을 전적으로 지원할 것이라는 독일의 지지 약속을 받은 오스트리아-헝가리제국은 7월 3일 세르비아를 향해 단호한 최후통첩을 보냈다. 독일은 거부당할 만한 최후통첩을 했다는 사실을 알고 있었다. 지루하게 이어진 외교전 끝에 세르비아는 빈의 요구를 다 받아들이겠다는 반응을 보이지만, 오스트리아-헝가리제국은 세르비아에 전쟁을 선포했다. 이렇게 수천만 명의 목숨을 앗아가게 만든 제1차 세계대전이 시작되었다.

왜 전쟁은 발발한 것인가? 우리는 이 물음에 대해 전쟁의 '계기'와 '원인'을 구별해야 한다. 종종 '사라예보 사건'으로 불리는 프란츠 페르디난트 대공 암살 사건은 제1차 세계대전을 촉발한 계기였을 뿐이다. 프란츠 페르디난트의 암살은 급속도로 확대되는 일련의 사건을 촉발했다. 전 세계의 많은 국가와 마찬가지로 오스트리아-헝가리제국은 세르비아 정부를 비난하고 세르비아 민족주의 문제를 해결하기 위한 전쟁의 정당화로 사라예보 사건을 이용하고자 했다. 그렇다면 무엇이 제1차 세계대전의 원인인가? 제1차 세계대전과 제2차 세계대전이 서로 연결된 하나의 전쟁일 뿐 아니라 종전 이후의 냉전 시대, 그리고 우크라이나전쟁까지 이어지는 지정학적 조건과 연결되어 있다면, 전쟁의 원인은 훨씬 더 복잡하다.

프란츠 페르디난트 대공이 황제로 즉위하는 것이 임박한 상황에서 사라예보에 가지 않았더라면 어떻게 되었을까? 그는 제국의 민족 문제를 해결하기 위해 '대오스트리아합중국'을 제창한 이상주의자였다. 당시 오스트리아-헝가리제국의 실질적 지배 민족이었던 오스트리아계의 인구는 25퍼센트를 넘지 않았으며, 헝가리계를 합쳐도 50퍼센트가 되지 않았다. 프랑스혁명으로 촉발된 민족주의 바람이 걷잡을 수 없이 온 유럽에 퍼진 상황에서 오스트리아 '합중국론'은 제국을 유지할 궁여지책이었다. 왜 사라예보였을까? 왜 6월 28일이었을까? 세르비아 왕국이 오스만제국에 정복당한 날이자 제2차 발칸전쟁에서 세르비아 군대가 튀르크인들에게 영광스러운 승리를 거둔 이중적 기억이 생생한 날에 보스니아 헤르체고비나 공동통치령의 수도인 사라예보에서 프란츠 페르디난트 대공이 암살당한 것이다.

전쟁 전 마비되었던 상상력이 전쟁이 끝난 후에는 되살아난다. 수많은 가정법은 종종 전쟁의 계기를 원인으로 착각하게 만든다. 세르비아 정부가 오스트리아-헝가리제국의 지배를 불안정하게 만드는 목표를 가진 테러 집단을 용인하거나 지원하지 않았더라면, 페르디난트 대공이 다른 날짜와 다른 장소를 선택했다면, 세르비아 정부가 암살 사건의 배후자를 오스트리아-헝가리제국에 넘겨주는 것을 거부하지 않았더라면, 독일이 오스트리아-헝가리제국의 보복을 지지하지 않고 러시아가 세르비아를 지지하지 않았더라면, 수많은 어리석은 행위가 이어지지 않았더라면 유럽은 제1차 세계대전의 구렁텅이로 떨어지지 않았을 것이다. 언제나 우리는 전쟁이 끝난 뒤에야 정치적 지혜와 통찰력의 결핍을 아쉬워한다.

이러한 전쟁 원인에 대한 다양한 분석은 전쟁이 다른 계기로 시작되었을 가능성을 배제하지 않는다. 물론 전쟁을 불가피하게 만드는 단 하나의 원인이 있을 수 있다. 그래서 이미 오래전부터 기다려온 화약통에 불꽃을 던진 계기가 무엇인지는 전혀 중요하지 않을 수도 있다.[19] 중요한 것은 정치적 결정을 내리는 통치자들의 지혜와 책임이다. 전쟁과 평화의 원인과 관련하여 중요한 것은 구조적 필연성이 아니라 정치인들의 결정이다. 물론 전쟁의 위험이 긴박한 상황에서 런던과 베를린, 그리고 베를린과 모스크바 사이에 소위 '투키디데스의 함정'이라는 구조적 역학이 작용했을 수 있다.[20] 부상하는 러시아의 위협을 미연에 차단하기 위해 동맹국을 지원하겠다는 독일의 의지는 결국 러시아와 그의 동맹국 프랑스에 대한 전쟁 선포로 이어졌다. 국가들이 동맹을 결성하며 서로 대립하고 군비경쟁을 하는 상황에서 적대국이 언제든지 공격할 기회를 잡을 것이라는 불안과 공포는 거꾸로 상대방을 습격할 기회를 찾게 만든다. 모든 것이 권력정치의 논리에 의해 움직여 정치적·군사적 명령 준수를 목표로 하는 곳에서는 정치적 지혜를 위한 자리가 없다. 군비경쟁의 열차에는 이를 정지시킬 브레이크가 없다. 서로 적대적

으로 경쟁하는 세력동맹에 일단 관여하면 정치적으로 현명한 행위를 할 가능성은 사라지거나 약해진다.[21)]

정치적 지혜인가 아니면 구조적 역학인가? 전쟁의 원인과 관련하여 끊임없이 제기된 이 물음은 사실 고대 그리스에서 시작한다. 펠로폰네소스전쟁의 원인과 관련하여 세 인물이 등장한다. 아리스토파네스, 투키디데스 그리고 플라톤. 이들은 전쟁의 원인을 두고 각각 독특한 관점을 대변한다.

고대 그리스의 희극작가 아리스토파네스(Aristophanes)는 기원전 425년의 작품 《아카르나이의 사람들(Acharneis)》에서 세 명의 창녀 때문에 페리클레스가 그리스를 전쟁의 참화로 몰아넣었다고 주장한다. 그리스 문명의 몰락을 가져온 펠로폰네소스전쟁이 단 세 명의 창녀 때문이라는 그의 주장은 하나의 희극처럼 들린다. 그러나 통치자의 어리석음이 시민의 평화로운 삶을 위협할 수 있다는 것은 일종의 상식이다. 아리스토파네스의 관점에서 보면 전쟁은 피할 수 있었다.

아리스토파네스에 의하면 아테네의 정치가 페리클레스는 단지 자신의 권력과 영향력을 보여주고 싶어서 전쟁을 시작했다. 페리클레스의 허영심과 과시욕이 전쟁의 원인이다. 페리클레스는 아스파시아(Aspasia)라는 애인이 있었는데, 그녀가 어느 날 메가라 사람들이 자신이 운영하던 유곽의 창녀 셋을 납치했다고 페리클레스에게 불평을 늘어놓았다. 페리클레스는 이 말을 듣고 곧 국민의회를 소집하여 메가라에 대한 무역 봉쇄 조치를 선포했다. 메가라는 결국 동맹국 스파르타에 도움을 청했다. 스파르타는 아테네에 무역 봉쇄를 해제하라고 최종 요청을 했지만 페리클레스가 이를 단호하게 거부함으로써 결국 전쟁이 시작되었다는 것이다.

전쟁의 원인에 대한 아리스토파네스의 서술은 물론 희극 장르에 맞춰져 있지만, 당시 아테네에 널리 퍼져 있던 인식을 대변하는 것처럼 보인다. 아테네와 스파르타가 전쟁에 이르게 된 것은 결국 페리클레스의 정치적 결정 때문이었으며, 다른 결정을 했다면 전쟁은 일어나지 않았을 것이라는 인식이다. 여기서 우리는 세 명의 창녀를 전쟁의 원인과 관련하여 지엽적인 문제로 치부할 수도 있다. 그러나 분명한 것은 정치인의 감정적 욕구는 정치를 잘못된 길로 인도할 수 있다는 사실이다. 오늘날 또 다른 세계대전의 위험을 유발한 '세 명의 창녀'는 도대체 무엇인가?

아리스토파네스의 동시대인인 투키디데스는 전쟁의 원인을 두고 이와는 전혀 다른 관점을 제시한다. 만약 다른 정치였다면, 즉 국제관계에서 타협과 협상의 선한 의지를 가졌다면 전쟁을 피할 수 있었다는 견해에 동의하지 않는다. 아테네와 스파르타를 중심으로 한 세력집단의 충돌은 불가피하며, 따라서 전쟁은 필연적이라는 것이다. 메가라에 대한 아테네의 봉쇄 조치는 전쟁이 발발하게 된 하나의 계기일 뿐이지 결코 진정한 원인은 아니다. 점점 더 강력해지는 경쟁자 아테네가 곧 자신들을 정치적·군사적으로 능가할지 모른다는 스파르타의 두려움은 아테네의 팽창을 폭력적으로 저지할 수밖에 없게 만들었다는 것이다. "아테네가 강대해져 라케다이몬인에게 공포심을 불러일으킨 것이 전쟁을 필연적으로 일으켰다."[22]

페리클레스 역시 똑같은 동기에서 전쟁을 일으켰다. 만약 그가 이미 선포한 메가라에 대한 무역 봉쇄 조치를 철회하면, 그것이 오히려 상대방의 도발을 더 크게 자극할 것이라는 두려움이 있었다. "아테네인 여러분, 펠로폰네소스에 양보해서는 안 된다는 내 의견은 시종일관 변하지 않았습니다. (…) 하찮은 일로 전쟁을 시작했다고 뒷날 자신을 나무랄 필요도 없습니다. 왜냐하면 이러한 사소한 일에는 여러분의 결의에 대한 전체 인정과 시험이 들어 있기 때문입니다. 그리고 한 걸음 양보하면 그것을 공포심의 증거로 보고 곧 좀 더 큰 요구를 그들은 해오게 돼 있습니다. 거꾸로 여러분이 그들에게 의연한 태도를 취하면 그들도 여러분을 대등한 입장에서 다루지 않으면 안 된다는 것을 깨닫게 될 것입니다. 그러므로 여러분은 피해를 입기 전에 굴복하든지, 혹은 내가 주장하듯이 적의 크고 작은 트집에 아랑곳하지 않고 갖고 있는 것을 안심하고 보유할 수 있도록 개전을 결의하든지, 이 자리에서 결정하지 않으면 안 됩니다."[23]

양보와 타협은 결코 사소한 일이 아니다. 투키디데스의 분석에 따르면 전쟁은 일종의 '예방 조치'로 수행된다. 스파르타는 아테네 권력의 증대에 대한 불안과 공포가, 그리고 아테네는 자신들이 스파르타의 위협에 굴종한다는 인상과 느낌을 가질 수 있다는 두려움에서 전쟁을 시작한 것이다. 전쟁이 불가피했던 것은 결코 아테네와 스파르타 두 국가가 공격적이고 팽창주의적이고 제국주의적이기 때문이 아니다. 서로 적대적으로 경쟁하는 두 국가의 통치자들은 자신의 평판과 자신과 동맹을 맺은 국가들의 평판을 두려워한다. 투키디데스에 의하면 전쟁의 진정한 원인은 더 많은 권력에 대한 추구가 아니라 그동안 달성했던 권력의 상실에 대한 두려움이다.[24)]

투키디데스는 그 영향권의 경계가 명확하게 설정된 경우에는 두 세력이 평화적으로 공존할 수 있다는 점을 부인하지 않는다. 왜냐하면 군사적 충돌의 진정한 원인은 제국주의적 충동이라기보다는 오히려 자신의 힘과 권력에 대한 불안과 자기회의이기 때문이다. 군사적·정치적 갈등의 심화를 야기하는 것은 권력 추구가 아니라 권력 상실에 대한 공포다. 이런 점에서 투키디데스는 페리클레스의 전쟁정치를 변호한다. 페리클레스의 전략적 방어 정책을 일관성 있게 수행했더라면, 아테네는 전쟁에서 이길 수 있었을 것이다.

투키디데스보다 한 세대 젊은 플라톤은 정반대의 입장을 취한다. 그는 페리클레스 치하의 아테네는 명목상으로는 민주주의였지만 실제로는 일인자의 지배체제였다는 투키디데스의 평가를 따르지 않는다. 아테네인들이 페리클레스 때문에 더 나아졌다고 생각하는지 아니면 정반대로 그로 말미암아 못쓰게 되었다고 생각하는지에 대해 플라톤은 소크라테스의 입을 빌려 이렇게 말한다. "그는 아테네인들을 게으르고 비겁하고 수다스럽고 돈을 좋아하게 만들었다."[25] 플라톤은 전쟁의 원인을 도덕의 타락에서 찾는다. 아테네가 해상무역으로 부강해지면서 도덕은 오히려 타락했다는 것이다. 플라톤이 당시의 모든 민주적 정치가들에게 말하는 것은 페리클레스에게도 해당한다. "자네는 아테네인들에게 호화로운 잔치를 베풀고, 그들이 욕구해온 것들로 진수성찬을 차려준 사람들을 칭송하고 있네. 그리고 그들은 저들이 나라를 위대하게 만들었다고 말하네. 그러나 이전의 저 사람들 때문에 나라가 붓고 속으로 곪아 있다는 걸 그들은 깨닫지 못하네. 저들이 절제와 정의를 갖추지 않은 채 항구들과 조선소들, 성벽들, 공물들, 그리고 그런 종류의 하찮은 것들로 나라를 가득 채웠기 때문이지."[26]

플라톤에 의하면 페리클레스와 같은 정치가들은 물질적 복지와 외면적 권력 확장에만 신경을 썼을 뿐 시민들을 정의롭게 교육하는 데는 관심을 두지 않았다는 것이다. 플라톤은 물론 전쟁을 원칙적으로 거부한다는 관점의 평화주의자는 아니다. 국가의 위상을 높인다고 생각하는 항구들, 조선소들, 성벽들, 공물들은 절제와 정의를 중시하는 플라톤의 이상국가에서는 아무런 의미가 없다. 그는 해상무역이 필연적으로 전쟁으로 이어지는 강대국 정책의 시작이라는 생각을 가지고 있기에 자신의 정치적 시각에서 해상무역을 추방한다. 정치의 과제는 정의의 실현이지 결코 권력 확장이 아니기 때문이다.

이런 관점에서 보면 펠로폰네소스전쟁의 원인은 아리스토파네스가 본 것처럼 메가라에 대한 무역 봉쇄 조치에 있지도 않고 또 투키디데스가 분석한 것처럼 이제까지 패권을 행사한 육지 권력 스파르타를 위협하는 해상 권력 아테네의 부상에 있지도 않다. 플라톤은 전쟁의 결정적 원인이 해상무역으로 인해 촉발된 경제적 부흥과 역동성이 물질적 탐욕을 통해 전통적 관습과 삶의 방식을 파괴한 데 있다고 본다. '더 많이 가지고자 하는 탐욕(pleonexia)'과 사치가 전쟁의 진정한 원인이라는 것이다.

플라톤은《국가》제2권에서 '건강한 나라'와 '병적으로 부어오른 나라'를 구별하면서 전쟁의 원인을 고찰한다. 정의와 절제가 지배하는 '자족적인 나라'를 건강한 나라라고 한다면, 병적인 나라는 사치와 탐욕이 지배하는 '호사스러운 나라'이다. 그는 호사스러운 나라를 "돼지들의 나라(hyon polis)"[27]라고도 부른다. 왜냐하면 이 나라는 팽창을 지향하기 때문이다. 돼지들의 나라의 공식은 간단하다. "우리는 나라를 더 크게 만들어야만 한다."[28] 나라의 질적 발전을 꾀하는 대신 수와 규모의 확장을 추구한다면 전쟁은 필연적이라는 것이다. "우리가 목축하고 경작하기에 넉넉한 땅을 가지려 한다면, 우리는 이웃 나라 사람들의 땅을 일부분 떼어내야만 하고, 또 그들 역시 필요 불가결한 것의 한도를 벗어나 재화의 끝없는 소유를 추구한다면 그들은 그들대로 우리 땅을 떼어 가져야만 한다. 그렇게 되면 우리는 전쟁을 해야만 한다."[29)]

전쟁의 원인에 관한 고대 그리스인의 고찰은 우리에게 여전히 많은 것을 시사한다. 아리스토파네스, 투키디데스, 플라톤은 전쟁의 원인에 대한 세 가지 관점을 대변한다. 아리스토파네스는 통치자가 정치적 지혜를 가진다면 전쟁을 피할 수 있다고 생각한다. 그에게 중요한 것은 전쟁의 우연적 요소를 줄일 수 있는 지혜와 통찰이다. 투키디데스에게 전쟁은 두 세력이 충돌할 때 언제나 일어날 수 있는 잠재적 경향이지만 두 국가의 내면적 힘과 자기의식이 강하다면 전쟁은 여전히 피할 수 있다. 적의 위협에 대한 안보 노이로제와 몰락 가능성에 따른 공포감을 이겨낼 수 있다면, 두 경쟁적 국가의 갈등이 꼭 전쟁으로 발전하지는 않을 것이다. 아리스토파네스에게서 전쟁의 원인이 통치자라는 개인의 성격과 그가 처한 상황과 밀접한 관련이 있다면, 투키디데스에게서는 전쟁의 원인이 구조적인 것이라고 할 수 있다. 절제와 정의가 없는 팽창주의가 전쟁의 원인이라고 생각하는 플라톤은 시민의 도덕적 능력에 주목한다.

전쟁이 발발할 수 있는 우연적 요소를 줄이고 갈등을 평화적으로 해결하려면 우리는 어쩔 수 없이 이성에 호소할 수밖에 없다. 그렇다면 우리는 통치자의 이성을 어디에서 발견할 수 있는가? 아리스토파네스는 우리에게 그릇된 판단으로 이끄는 통치자의 허영심과 명예심을 경계하라고 말한다. 투키디데스는 안보에 관한 집단적 히스테리에 빠지지 않고 국익을 합리적으로 추구하는 것이 이성적이라 주장한다. 반면 플라톤은 권력 확장 대신에 시민의 민주적 교육을 추구하는 것이 전쟁을 막는 길이라 말한다. 이러한 주의와 경계에도 불구하고 2022년 우크라이나전쟁은 발발했다. 이 전쟁을 일으킨 원인은 도대체 무엇인가? 우리가 펠로폰네소스전쟁과 제1차 세계대전에서 경험하고 깨달았던 전쟁의 원인이 여기서도 작동하고 있는가?

5장

전쟁을 일으킨 푸틴,
전쟁의 의미를 바꾼 젤렌스키

전쟁이 만든 정치적 리더십: 푸틴과 젤렌스키

전쟁의 문법과 논리는 우리를 물리적 폭력의 수렁으로 빠트리는 까닭에 사람들은 종종 전쟁을 일으키는 것이 우리 자신이라는 점을 잊는다. 전쟁과 같은 세계적 사건이 발생하는 과정에서 개별적 지도자의 중요성을 의심했던 사람이 있다면 우크라이나전쟁으로 그 문제가 해소되었을 것이다. 유럽의 제2차 세계대전이 아돌프 히틀러의 전쟁이었던 것처럼, 우크라이나전쟁은 분명 블라디미르 푸틴 러시아 대통령의 전쟁이다.

푸틴의 러시아가 우크라이나를 침공함으로써 시작한 전쟁에는 물론 다른 전쟁 당사자들이 있다. 러시아와 우크라이나, 그리고 미국과 나토(NATO, 북대서양조약기구)는 우크라이나전쟁에 직접·간접적으로 관여되어 있다. 이들 세력의 지도자들이 어떤 결정을 하는

가는 전쟁의 과정과 결과에 상당한 영향을 미칠 것이다. 그렇지만 우크라이나전쟁은 다른 누구의 전쟁도 아닌 푸틴의 전쟁이다. 히틀러처럼 그는 전쟁을 원했다. 우크라이나전쟁은 푸틴에게 순수한 러시아를 위협하는 퇴폐적인 적을 분쇄하겠다는 자신의 야망과 열정을 시험하는 것이었다.

전쟁은 또한 의도하지 않게 새로운 역사적 인물을 만들어낸다. 볼로디미르 젤렌스키(Volodymyr Zelensky)가 우크라이나 대통령이 아니었다면 러시아의 우크라이나 침공은 현재와 같은 방식으로 진행되지 않았을 것이다. 코미디언 출신의 정치 신인 젤렌스키는 전쟁이 시작되기 전에는 별로 주목받지 않는 지도자였지만, 압도적으로 우세한 러시아 군대에 대해 놀라울 정도로 잘 저항함으로써 새로운 이야기를 쓰고 있다. 우크라이나에 대한 그의 책임과 용기는 자신에게 철수를 제안한 미국 정보 관리들에게 "나는 탈것이 아니라 탄약이 필요하다"라고 말한 데서 잘 드러난다. 한 주권국가에 대한 러시아의 '침공'을 주권국가 간의 '전쟁'으로 바꿔놓은 것은 바로 젤렌스키라는 인물이다.

우리가 지금 푸틴과 젤렌스키라는 인물에 주목함으로써 역사적 위인전을 쓰려는 것은 아니다. 전쟁이라는 정치적 수단을 사용하는 통치자가 구조적 권력관계와 역사적 상황의 영향을 받는 것은 사실이지만, 역사적 인물은 종종 역사의 방향을 규정하기도 한다. 그러므로 역사적 사건이 일어나는 '특정 장소'와 '특정 순간'에 누가 직책을 맡고 어떤 결정을 내리는지가 역사적 과정에 얼마나 커다란 차이가 있는지를 인식하는 것은 매우 중요하다.

우리는 여기서 앞서 다룬 헤겔의 "이성의 간계"를 다시 생각한다. 인간은 스스로 자신의 의지에 따라 행동한다고 믿지만, 실제로 그것은 역사를 움직이는 더 커다란 힘인 이성과 정신의 도구에 불과하다는 것이 '이성의 간계'다. 개인의 의지와 열정이 역사를 진행하는 힘이 되지만, 사실은 세계이성이 자신의 목적을 실현하기 위하여 이를 이용하고 있음에 불과하다는 것이다. 왜 여기서 간계인가? 계략은 어떤 일을 이루기 위한 꾀나 수단을 의미한다. 따라서 간계(奸計)란 자신의 이익과 목적을 이루기 위한 수단으로서 숨겨진 간사한 계략이다.

목적을 달성하기 위한 교활한 수단으로서의 계략은 높이 평가되지 않는다. 사람들은 수단과 방법이 투명하게 공개된 상태에서 이루어진 경합을 찬양한다. 그래서 책략을 부도덕하다고 단호하게 비난하지는 않더라도 도덕적으로 의심스러운 것으로 평가하는 경향이 있다. 우선, 책략을 사용하는 사람은 대체로 정직한 논쟁뿐 아니라 적어도 상대방을 존중하는 방식의 공개적 공격을 회피한다. 전장에서든 정치에서든 책략은 주로 약자의 수단으로 인식된다.

간계는 항상 거짓과 쌍둥이처럼 함께 등장한다. 트로이전쟁에 마침표를 찍은 '트로이 목마'는 간계의 고전적 모델을 잘 보여준다. 호메로스가 꾀가 많다고 평가한 오디세우스는 내부에 사람 30명이 숨을 수 있는 거대한 바퀴 달린 목마를 만들어 트로이 성안으로 침공하는 계획을 세워 실행한다. 여기에는 두 가지 거짓이 있다. 하나는 목마를 만드는 이유가 전쟁의 여신 아테나에게 바치는 대규모 제사의 상징물 제작이라고 속이는 것이고, 다른 하나는 연합군이 남기고 간 목마를 트로이 성안으로 들이면 트로이가 완벽한 승리를 거둘 것이라는 예언을 미리 퍼뜨렸다는 점이다. 간계는 이처럼 거짓 예언과 짝을 이룬다.

그런데 헤겔은 왜, 부정적인 것을 감히 상상조차 할 수 없는 '이성'에 '간계'의 능력을 부과한 것인가? 헤겔은 이성이 자신의 목적을 실현하려면 부정적 수단이 필요하다고 봄으로써 이성을 도구화한 것이다.[1] 역사는 자신의 이성적 목적을 간접적이고 교활한 방식으로 완성한다. 이성이 사용하는 교활한 방식은 바로 인간 본성의 비이성적 요소인 감정과 열정에 호소하는 것이다. 세계 역사가 알렉산드로스 대왕, 카이사르, 나폴레옹과 같은 역사적 인물에 의해 실현되었다고 말한다면 이들의 이상, 열정, 그리고 야망이 역사적 과정의 중요한 수단이라는 점을 인정해야 한다. 우리가 헤겔이 제시한 역사의 이성적 목적을 수용할 수 없다면, 역사적 인물의 역사적 영향력이 어쩌면 우리가 생각하는 것보다 훨씬 더 클지도 모른다.

우리가 경험하는 구체적 역사에는 이성의 간계가 없다. 인간의 간계만이 있을 뿐이다. 주어진 상황이 제공하는 온갖 종류의 정치적 자원을 이용하여 자신의 이익과 목적을 실현하려는 인간 또는 인간집단의 간계를 파악하는 일이 중요하다. 우크라이나전쟁이 블라디미르 푸틴의 전쟁이라면, 푸틴이라는 역사적 인물을 파악하지 않고는 우크라이나전쟁의 원인을 정확하게 포착할 수 없다. 어떤 사람들은 푸틴을 알렉산드로스, 카이사르, 나폴레옹의 줄에 세우기보다 히틀러, 스탈린과 나란히 세우고 싶을지도 모른다. 어찌 되었든 우크라이나전쟁을 설명하기 위해서는 푸틴의 야망과 열정을 이해해야 한다.

블라디미르 푸틴은 왜 우크라이나전쟁을 일으킨 것인가? 푸틴은 여러 글과 연설을 통해 이 물음에 직접 답하지만, 가장 확실한 단서는 2021년 7월 12일에 발표한 〈러시아인과 우크라이나인의 역사적 통일에 관하여〉라는 글이다. 이 글은 매우 단호한 말로 시작한다. "러시아와 우크라이나의 관계에 대한 질문을 받았을 때, 나는 러시아인과 우크라이나인은 한 민족, 즉 하나의 전체라고 말했습니다." 그리고 이 글은 매우 기괴한 문장으로 끝을 맺는다. "오늘날 어떤 사람들은 나의 이러한 말들을 적대적으로 인식할 수 있습니다. 그것은 다양한 방식으로 해석될 수 있습니다. 그러나 많은 사람이 내 말을 듣게 될 것입니다. 그리고 한 가지만 말씀드리겠습니다. 러시아는 결코 '반우크라이나'가 아니었고 앞으로도 아닐 것입니다. 그리고 우크라이나가 어떻게 될지는 그 시민들의 결정에 달려 있습니다."[2] 우크라이나의 미래는 우크라이나 시민들이 스스로 결정해야 한다는 말도 어처구니없지만, 반우크라이나인 적이 없다던 푸틴이 우크라이나를 침공한 것만큼 기만적인 사실도 없다.

푸틴은 '미래'에는 관심이 없는 것처럼 보인다. 푸틴의 관심은 온통 '과거'의 순수한 러시아와 광대했던 러시아제국을 복원하는 데 있다. 과거의 위대한 러시아 역사에 대한 조작된 스토리텔링은 자신의 정치와 전쟁을 정당화하는 교활한 수단이 된다. 러시아인과 우크라이나인은 불가분의 관계였는데 오늘날 악의적인 외부의 영향으로 분리되었다는 것이다. 2012년 러시아 의회를 상대로 한 연설에서 푸틴은 자신을 러시아라는 위대한 역사의 순환고리로 이해한다. 푸틴은 '블라디미르(Vladimir)'라는 위대한 고대 키예프 군주의 이름을 계승한다. 푸틴은 그의 이름의 기원이 된 중세 초기 키예프의 군벌, 일명 발데마르(Valdemar)라고 알려진 볼로디미르(Volodymyr)가 기독교로 개종한 988년으로 되돌아가고자 한다. 푸틴이 복원한 신화에서 "볼로디미르는 러시아인이고, 그의 기독교 개종은 오늘날의 러시아와 벨라루스, 우크라이나 땅을 영원히 이어주는 고리다."[3] 푸틴은 자신의 이름처럼 위대한 과거 러시아의 신화를 복원하려 한다. 설령 폭력적 수단이 필요하더라도 말이다.

독재자들은 종종 역사가 다른 사람들에 대항하여 자기 민족을 동원하고 과거의 영광을 재건할 명분을 제공하는 데 유용하다고 생각한다. 무솔리니(Benito Mussolini)는 고대 로마의 영광을 자랑하며 제2의 로마제국을 건설하겠다고 약속했다. 히틀러 나치는 기원후 9년 바루스(Publius Quinctilius Varus)가 이끄는 로마제국의 군단이 게르만 부족 연합군에 대패한 토이토부르크 숲 전투(Schlacht im Teutoburger Wald)를 칭송하면서 제3제국을 꿈꿨다. 푸틴은 자신을 정치가이면서 역사가로 이해한다. 그는 소련의 소멸을 20세기에 '가장 큰 지정학적 재앙'으로 기억하고, 러시아가 북동유럽의 지배 권력이었던 표트르 대제(1672-1725)의 통치 시기를 회상한다. 그의 역사관에 따르면 '우크라이나라'는 국가는 존재한 적이 없었고, 앞으로도 위대한 러시아제국을 위해 존재해서는 안 된다. 푸틴이 꿈꾸는 러시아인과 우크라이나인의 영적 통일에는 러시아라는 이름의 영토적 통일이 필요한 것이다. 푸틴의 이러한 예언은 트로이의 목마처럼 거짓 예언이다.

거짓 예언에 기반한 그의 전쟁이 성공할지는 여전히 미지수다. 군사력의 차이가 아무리 크더라도 전쟁은 살아 있는 두 집단의지의 충돌이다. 푸틴의 침공이 계획대로 진행되지 않은 가장 커다란 이유는 반대편의 지도자 때문이다. 히틀러를 만들어낸 역사는 때때로 다른 유형의 지도자를 길러냈다. 제2차 세계대전 때 영국에 처칠(Winston Churchill)이 아니라 체임벌린(Neville Chamberlain)이 계속 수상으로 남아 있었다면 어떻게 되었을까? 체임벌린이 잔류했거나 아니면 그의 가능한 후계자 중 다른 사람이 집권했다면 영국 정부가 나치와 협정을 맺기 위해 노력했을지도 모른다. 그렇게 되면 영국은 계속 대륙과 떨어진 영국으로 남고, 독일은 적어도 히틀러가 영국을 폭격하기 전까지는 제국을 유지하고 있었을 것이다. 처칠은 제2차 세계대전의 진행을 바꿔놓았다. 이처럼 어떤 인물이 갑자기 나타나서 불가능해 보이는 확률에 맞서 자신의 국민을 결집시키고 결사 항전함으로써 사건의 과정을 바꾸기도 한다. 오늘날 푸틴이 시작한 전쟁은 젤렌스키라는 인물을 만들어냈다.

과거의 역사가 푸틴을 만들었다면, 젤렌스키는 새로운 스토리를 창조함으로써 스스로 역사를 쓰고 있다. 젤렌스키를 처칠과 비교하는 것은 과장일 수 있다. 정치 경험이 없는 그가 2018년 압도적인 득표로 대통령에 선출되었을 때 화제는 그가 출연한 텔레비전 희극이었을 뿐 그에게서 정치적 덕성과 지도력을 기대하지는 않았다. 하지만 그가 보여준 용기와 의사소통 기술은 그를 우크라이나가 필요로 하는 전시 지도자로 만들었다. 그가 전 세계 시민들에게 우크라이나 사태의 문제를 효과적으로 전달하는 방법을—그가 미디어에 등장할 때마다 국방색 셔츠를 입고 결연한 태도를 보이는 모습을 보라—본능적으로 잘 알고 있는 것은 연기자 경험 때문인지도 모른다. 그는 처칠처럼 조국을 떠나기를 거부하고 국민과 함께 고통을 나눔으로써 국가 지도자로서의 모범을 보이고 있다.[4)]

우크라이나전쟁이 어떻게 끝날지는 미지수이지만, 젤렌스키의 등장이 전쟁의 성격과 과정을 결정적으로 규정했음을 부인할 수는 없다. 이스라엘 역사학자 유발 하라리(Yuval Harari)는 2022년 2월 28일《가디언》지에 〈블라디미르 푸틴이 이미 이 전쟁에서 패배한 이유〉라는 제목의 흥미로운 칼럼을 기고했다. "블라디미르 푸틴 대통령은 역사적인 패배를 향해 가고 있다. 그는 비록 모든 전투에서 승리할 수 있지만 여전히 전쟁에서 패배할 수 있다. 러시아제국 재건에 대한 푸틴의 꿈은 항상 우크라이나가 실제 국가가 아니며 우크라이나인이 실제 국민이 아니라는 거짓말에 근거했다." 이러한 허구와 거짓말이 만천하에 드러날 때 러시아의 승리는 동시에 궁극적 패배가 될 것이다. 우크라이나의 민족의식은 더욱 강해지고, 이를 통해 러시아에 대한 저항은 더욱 거세질 것이기 때문이다. 세계의 시민들은 우크라이나인이 러시아인이 아니라는 사실을 알게 될 것이기 때문이다. 이것은 러시아인과 우크라이나인의 통일을 꿈꾼 푸틴의 의도와 정면으로 배치된다.

전쟁이 계속될수록 푸틴의 꿈은 산산조각 나고 있다. 우크라이나 국민은 온 마음을 다해 저항하고 있으며, 그들의 용기가 전 세계의 찬사를 받고 있다. 우크라이나전쟁은 견디기 힘든 참상 속에서도 새로운 역사적 이야기를 만들어내고 있다. 푸틴은 전쟁을 치를수록 비의도적으로 우크라이나에 두 개의 강력한 무기를 제공한다. 하나는 러시아의 침공에 대한 우크라이나의 저항이 빚어내는 용기의 스토리텔링이다. 다른 하나는 우크라이나인이 죽임을 당할 때마다 깊어지는 침략자에 대한 우크라이나인의 증오다. 증오가 가장 추한 감정이기는 하지만, 설령 우크라이나가 러시아에 정복될지라도 마음 깊숙이 묻어둔 그들의 증오는 이후 수 세대에 걸쳐 저항의 원동력이 될 것이다. 전쟁이 진행되는 동안 우크라이나는 하나의 주권국가이며 우크라이나인은 실제로 하나의 민족이며 새로운 러시아 제국 아래에서 살기를 원하지 않는다는 사실이 전 세계에 증명되었다. 전쟁을 통해 비로소 하나의 국가가 확실한 정체성을 획득하고 있는 것이다. 이 국가가 앞으로 자신을 보존하고 유지할 힘을 가질 것인가는 물론 별개의 문제다.

냉전은 끝나지 않았다

우크라이나전쟁에 관한 또 다른 이야기가 있다. 고대 그리스의 아리스토파네스처럼 통치자의 어리석음을 전쟁의 원인으로 보는 이야기가 있다면, 권력 자체의 논리에 기반한 패권경쟁이 결국 전쟁을 초래한다는 이야기가 있다. 전자는 전쟁을 선포하고 수행하는 통치자의 비합리성과 지혜 결핍을 강조하고, 후자는 정치적 권력관계에 내재한 구조적 요인에 주목한다. 우크라이나전쟁에 관한 담론은 이렇게 두 편으로 갈라진다. 푸틴의 정신분열증적 망상과 야망을 비난하는 동시에, 국가와 국민을 지킬 힘도 없으면서 압도적으로 강한 러시아에 대항하는 젤렌스키의 어리석음을 탓하는 것이다. 아무런 죄도 없이 전쟁의 참화로 생명을 잃고 삶의 터전을 빼앗긴 수많은 사람의 모습을 보면서 우리는 누군가에게 책임을 묻고자 한다. 힘 있다고 힘없는 이웃 국가를 침공하는 오만도 문제지만, 힘도 없으면서 힘 있는 국가에 대항하는 어리석음 또한 문제라는 것이다.

왜 우크라이나전쟁이 발발했는가? 우크라이나전쟁이 1962년 쿠바 미사일 위기 이후 가장 위험한 국제분쟁이라는 사실에는 이론의 여지가 없다. 우크라이나전쟁이 제3차 세계대전으로 악화하는 것을 방지하고 이를 평화적으로 종결할 방법을 찾으려면, 그 근본 원인을 이해하는 것이 필수적이다. 블라디미르 푸틴이 전쟁을 시작했다는 사실, 또—전쟁 과정에서 일어난 반인도적 범죄행위를 포함하여—전쟁이 어떻게 진행되는지에 대한 책임이 푸틴에게 있다는 사실은 의문의 여지가 없이 분명하다. 푸틴이 구소련의 틀에 따라 더 큰 러시아를 만들려는 비이성적 침략자라는 것이 서구의 주류 견해이다. 따라서 우크라이나전쟁에 대해 전적으로 책임이 있는 사람은 푸틴이다.

우리는 여기서 '악의 평범성'에 관한 한나 아렌트의 말을 기억할 필요가 있다. "그 행위가 아무리 괴물 같다고 해도 그 행위자는 괴물 같지도 또 악마적이지도 않았다."[5] 푸틴의 인격적 특징이 특별한 정도의 천박성일지는 몰라도, 그는 괴물도 아니고 악마도 아니다. 푸틴을 악마라고 믿는 것은 많은 것을 쉽게 이해할 수 있도록 해주고, 또 많은 위로를 줄 수도 있다. 아이히만이 실제로 괴물이었다면 그에 대한 이스라엘의 재판은 중지되었거나 최소한 모든 흥미를 잃어버리게 되었을지도 모른다는 한나 아렌트의 말처럼,[6] 푸틴을 괴물과 악마로 만들면 우리는 우크라이나전쟁의 원인에 대해 제대로 알지 못할 것이다.

푸틴이 전쟁을 시작했다는 사실과 왜 전쟁을 일으켰는지 원인을 찾는 일은 전혀 별개의 문제다. 그렇다면 푸틴은 어떤 이유에서 전쟁을 시작한 것인가? 공격적 현실주의자로 평가받는 미국의 정치학자 존 J. 미어샤이머(John J. Mearsheimer)는 푸틴을 도덕적으로 단죄하는 이야기는 틀렸다고 말하면서 정반대의 이야기를 들려준다. "서방, 특히 미국은 2014년 2월에 시작된 위기의 주범이다. 이제 전쟁은 우크라이나를 파괴할 뿐 아니라 러시아와 나토 간의 핵전쟁으로 확대될 가능성이 있는 전쟁으로 변했다."[7] 전쟁을 일으킨 것은 푸틴이 맞지만 그 결정적 원인을 제공한 것은 미국과 나토라는 것이다.

우크라이나 위기는 실제로 2008년 4월 나토의 부쿠레슈티(București) 회담에서 시작되었다. 당시 조지 W. 부시 미국 행정부는 우크라이나와 조지아가 나토 "회원국이 될 것"이라고 공개적으로 선언함으로써 다른 진영을 압박했다. 러시아 지도자들은 분노했고, 이는 러시아에 대한 실존적 위협이라고 규정하면서 그러한 결정을 저지하겠다고 다짐했다. 그러나 미국은 모스크바가 설정한 레드 라인을 무시하고 우크라이나를 러시아에 대항할 서방 요새로 만들기 위해 온갖 노력을 다했다. 이제까지의 자유주의적 패권 정책이 그랬던 것처럼 한편으로는 우크라이나를 자유민주주의화하고, 그렇게 함으로써 다른 한편으로는 유럽연합에 더 가깝게 만드는 것이 목표였다.

그렇다면 나토의 동진 확장을 추구한 미국이 우크라이나를 통해 러시아 곰의 눈을 찌름으로써 상처받은 곰이 반격한 것인가? 공격적 현실주의의 관점은 러시아의 공격 전쟁을 단번에 어쩔 수 없는 방어 전쟁으로 바꿔놓는다. 잘 알려진 것처럼 러시아는 2008년 8월 8일 조지아를 침공했지만 미국과 나토는 참전하지 않았다. 이것이 러시아가 다시 우크라이나를 침공하더라도 미국과 나토는 팔짱 끼고 가만있을 것이라는 오판으로 이어졌는지도 모른다. 미국은 이후에도 계속 우크라이나를 나토로 끌어들이려는 노력을 계속했고, 러시아는 이를 저지하려고 총력을 기울였다.

2013년 11월 21일 친러 성향의 우크라이나 대통령 야누코비치(Viktor Fedorovich Yanukovych)는 갑자기 우크라이나가 유럽연합과의 연합협정에 서명하지 않을 것이라고 선언했다. 그는 푸틴과 이야기를 나눈 뒤 이런 결정을 내렸다. 연합협정을 통한 법치와 번영을 기대했던 우크라이나 시민들이 분노하며 '마이단 광장'으로 몰려나가 항의 시위를 벌였다. 시위대에 대한 대량학살 이후 지지 세력을 잃어버린 야누코비치가 러시아로 도주한 2014년 2월 러시아의 우크라이나 침공은 이미 진행 중이었다. 2014년 2월 24일 시작한 불법 침공으로 러시아는 우크라이나 남부 크림반도를 병합하고, 동부 돈바스 지역의 친러 세력을 지원하여 내전을 일으켰다. 이때도 2008년 조지아 침공 당시와 마찬가지로 미국과 나토의 소극적 대응은 푸틴에게 잘못된 신호를 주었는지도 모른다. 우크라이나를 침공한 러시아 지도자들은 이 이웃 나라가 하나의 주권국가가 아니라고 주장했다. 이렇게 반복된 전형적인 제국의 언어는 2022년 우크라이나전쟁을 예고하는 것이었다.

무엇이 진실인가? 미국과 나토는 러시아의 위협에 대비하기 위해 나토의 동진을 추구했다고 주장한다. 우크라이나는 나토에 공식적으로 가입하지는 않았지만, 2017년 12월 트럼프 행정부가 우크라이나에 방어용 무기 판매를 결정하면서 사실상 나토의 회원국이 되었다고 해도 과언이 아니다. 우크라이나가 '방어'로 생각한 것이 러시아와 돈바스 지역의 친러 세력에는 '공격'으로 보였다. 미국과 서방은 나토가 단지 방어적인 동맹이어서 러시아에 위협이 되지 않는다고 주장하지만, 러시아의 생각은 정반대다. 문제는 서방 지도자들이 말하는 나토의 목적이나 의도가 아니라 러시아가 나토의 행동을 어떻게 보고 받아들이느냐이다. 서방이 동유럽에 러시아를 제외한 평화 지역을 구축하려 한다면, 러시아가 바라는 것은 나토가 동쪽으로 확장하지 않을 것이라는 확실한 보장이다. 국제적 협상과 외교관계, 특히 전쟁에서 중요한 것은 결코 진실이 아니다. 이해관계의 조정이다.

미국과 서방의 주류 의견은 나토의 동진 확장이 우크라이나전쟁과 전혀 관련이 없다는 것이지만, 이는 망상이고 자기기만이다. 유럽연합과 나토의 확장 자체가 평화 지역의 확장이라는 생각은 자유민주주의의 오만이다. 국제관계에서의 진정한 평화를 추구한다면 언제나 적과 상대방이 어떻게 생각하고 행동하는가를 전략적으로 고려해야 한다. 그러나 전쟁이 발발하자 미국과 유럽의 지도자들은 우크라이나를 서방에 통합하려는 시도가 위기를 도발했다는 사실을 인정할 수 없었다. 그들은 전쟁의 진정한 원인이 우크라이나를 지배하려는 러시아의 제국주의적 욕망이라고 주장했다. 미어샤이머는 이런 이야기는 틀렸다고 말한다. 그가 우크라이나전쟁을 해석하면서 내린 결론은 간단하다. "내 해석의 결과는 우리가 극도로 위험한 상황에 있고 서방의 정책이 이러한 위험을 악화시키고 있다는 것이다. 러시아 지도자들에게 우크라이나에서 일어나는 일은 제국의 야망이 좌절되는 것과 거의 관련이 없다. 그것은 러시아의 미래에 대한 직접적인 위협으로 여겨지는 것을 처리하는 문제이다."

과도한 도덕주의는 국제관계에서 오히려 사태를 악화한다. 도덕적 잣대로 선과 악을 구분하기에 국제관계는 너무나 복잡하고 위험하다. 전쟁 중에도 협상을 하여 그 참혹한 결과를 약화하려면, 우리는 상대방을 괴물과 악마로 보는 대신에 그런 괴물과 같은 행동을 하게끔 만든 구조적 원인에 주목할 필요가 있다. 이런 점에서 투키디데스 전통의 현실주의가 필요하다. 현실주의는 근본적으로 국가 간 '세력균형의 정치(balance of power politics)'를 추구한다. 이런 관점을 취하면 우리는 자유주의가 '보편적 선'이라는 도덕적 교조주의로부터 벗어나 현실 속의 권력관계를 있는 그대로 파악할 수 있다. 자유주의 역시 하나의 패권정치라는 인식이 현실주의의 핵심이다. "자유주의적 패권(Liberal Hegemony)을 추구한다는 것은 야심적인 전략이다. 그것은 가능하다면 더 많은 나라들을 미국을 닮은 자유주의적 민주주의 국가들로 만들고, 동시에 개방적인 국제경제를 촉진하고, 이에 부응하는 국제기구를 만들고자 하는 전략이기 때문이다."[8]

자유주의 패권정치는 개인주의에서 비롯한 인권과 같은 보편적 가치를 추구한다. 자유주의는 양도할 수 없는 자연적인 인간의 권리를 존중한다. 따라서 자유주의는 지구에 있는 거의 모든 사람의 인권에 관심을 가진다. 집안의 명예를 더럽혔다는 이유로 가족 구성원을 죽이는 이슬람 문화권의 '명예살인' 관습부터 중국 위구르(Uighur) 지역에서 벌어진 인종 학대에 이르기까지, 국민의 인권과 권리를 심각하게 유린하는 경우 자유주의 국가들이 그 나라의 내정에 간섭해야 한다는 강력한 동기를 제공한다고 보는 것이 바로 도덕적 보편주의다. 인권을 보호하는 가장 좋은 방법은 전 세계의 모든 사람이 자유민주주의 정치체제에서 살 수 있도록 하는 것이다. 따라서 자유주의적 패권 정책이 본래의 목적을 달성하지 못하면 "자유주의 국가들은 끝날 날이 보이지 않는 영구적 전쟁에 빠져들 수밖에 없고, 결국 국제정치에서 갈등의 수준을 오히려 더욱 높일 수밖에 없게 되면, 그 결과 핵확산 문제와 테러리즘 문제를 더욱 악화시키게 된다."[9]

미어샤이머의 이러한 통찰은 하나의 인상적인 명제로 압축된다. "자유주의적 강대국들은 말은 자유주의자처럼 하면서 행동은 현실주의자처럼 한다."[10] 현실주의는 언제나 주어진 조건에서 자국의 이익을 증대하는 것에 초점을 맞추기 때문에 강대국들이 현실주의에 배치되는 자유주의적 정책을 채택하게 된다면 그들은 항상 후회하게 된다. 지구상에 강대국들이 둘 혹은 그 이상 존재하는 한 현실주의는 피할 수 없는 운명이다. "100개의 평화주의적인 국가들이 하나의 침략자를 당해내지 못한다"[11]라는 알렉산더 웬트(Alexander Wendt)의 말을 인용하면서 미어샤이머는 국제체제에 막강한 비민주주의 국가가 단 하나라도 존재하는 경우, 모든 민주주의 국가는 세력균형의 논리에 따라 행동하지 않을 수 없다고 단언한다. 모든 국가는 권력을 추구하며, 이런 상황에서 가장 중요한 것은 마키아벨리가 말한 것처럼 '국가의 생존'이다.

인류의 역사상 하나의 가치와 하나의 정치체제가 지배한 단극체제는 존재하지 않았다. 1991년 소련이 붕괴하면서 미국은 세계의 자유주의 질서를 보장하는 단극체제를 정립할 수 있다고 믿었다. 역사의 종말로 묘사된, 자유주의의 승리에 대한 환상은 얼마 가지 않았다. 냉전이 종식되고 미국이 지구상의 유일 초강대국이 됨으로써 국제체제는 단극체제가 되었지만, 2010년 이후 세계화의 결과로 중국이 부상하고 블라디미르 푸틴이 통치하는 러시아가 국력을 재건하면서 다극체제로 변화하고 있다. 지구를 둘러싼 패권경쟁이 강화되고 있는 것이다. 2020년의 코로나 팬데믹과 2022년의 우크라이나전쟁은 상호의존을 강화하는 세계화가 종말을 고했음을 알려주는 역사적 기호다. 국가 간 협력을 증진함으로써 갈등을 평화적으로 해소하면 "패권 이후"[12]의 시대가 도래할 것이라는 희망은 헛된 꿈이었다.

우리는 지금 새로운 냉전이 시작한다는 두려움을 갖고 있다. 그러나 그것은 베를린장벽이 붕괴된 1989년부터 소련이 해체된 1991년까지의 역사적 관점에서 바라보는 것이다. 이라크전쟁과 아프가니스탄전쟁에서 보았듯이 자유주의 진영은 자유민주주의의 확산을 추구한다는 '십자군적 사고방식(crusader mentality)'을 갖고 있었다. 그러나 1989년 끝난 냉전이 다시 시작하는 것이 아니라, 또 다른 냉전이 반복되고 있다.[13] 권력을 추구하는 서로 다른 진영이 세력균형을 추구하는 것이다. 그것이 종종 전쟁이라는 폭력적 수단을 사용하더라도, 패권경쟁이라는 세력균형 정치는 계속될 것이다.

우크라이나전쟁의 원인에 관한 두 가지 이야기는 우리를 혼란에 빠뜨린다. 푸틴이 설령 괴물과 악마가 아니라고 하더라도 그의 세계관과 역사관이 우크라이나전쟁에 상당한 영향을 준 것은 사실이지 않은가? 러시아의 우크라이나 침공은 정말 푸틴과 러시아의 제국주의적 야망과 관계가 없는가? 상대방의 의도와 상관없이 스스로 위협이라고 판단하여 다른 주권국가를 침략한다면 이를 국제법적으로 어떻게 정당화할 수 있는가? 만약 미국과 그 동맹국들이 우크라이나에서 푸틴을 좌절시키고 러시아 경제에 심각한 타격을 가한다면 벼랑 끝에 몰린 푸틴은 정말 핵무기로 눈을 돌릴 것인가? 우리는 핵전쟁을 막기 위해 러시아에 의한 우크라이나 정복과 분단을 용인해야 하는가?

우리의 관심을 우크라이나전쟁 이후의 미래 질서로 돌리면, 우리는 어쩔 수 없이 푸틴이라는 인물과 그의 전쟁이 가져올 지정학적 혁명에 주목할 수밖에 없다. 우크라이나전쟁으로 적나라하게 드러난 자유주의와 권위주의의 패권경쟁이 지배적인 상황에서 강대국에 둘러싸인 약한 국가의 운명은 어떻게 될 것인가? 특히 미국, 중국, 러시아, 일본과 같은 강대국을 이웃하고 있는 한국의 지정학적 운명을 생각하면, 우리는 우크라이나로부터 교훈을 얻어야 한다. 이런 관점에서 우크라이나전쟁을 바라보면 특히 두 가지 요소가 두드러진다. 유라시아주의와 지정학적 변동이 그것이다. 유라시아주의가 그 지역에서 살고 있는 사람들과 정치적 지도자들의 역사관 그리고 세계관과 관련이 있다면, 우크라이나전쟁이 초래할 지정학적 변동은 21세기의 패권전쟁과 깊은 연관이 있다. 푸틴을 빼고 우크라이나전쟁을 생각할 수 없듯이 유라시아주의를 배제하고는 21세기 패권전쟁의 진정한 원인을 알 수 없다.

6장

러시아의 유라시아주의와 지정학적 혁명

파시즘적 유라시아주의: 일린과 두긴

우리의 이해는 종종 역사 속 사건이나 인물보다 뒤처지는 경향이 있다. '미네르바의 올빼미'에 관한 헤겔의 이야기를 인용하지 않더라도, 우리는 역사적 사건이 일어나고 나서야 비로소 그 의미를 파악하려고 애쓴다. 이런 관점에서 보면 역사를 이끄는 것은 현실 속의 구조적 요인들이고 이념은 역사적 사건을 이해하는 과정에서 만들어진 정신적 산물일 뿐이다.

그런데 이념은 종종 역사의 과정을 바꾸는 전철기(轉轍機) 역할을 한다. 선로의 분기점에서 차량을 다른 선로로 옮길 수 있도록 궤도를 돌리는 이 장치처럼, 위대한 이념은 역사의 과정을 바꿔놓는다. 우크라이나전쟁의 원인이 오직 패권경쟁을 하는 강대국 사이의 권력관계에만 있는 것은 아니다. 전쟁 시점에 누가 통치자의 위치에 있는가가 중요하다면 그가 어떤 생각을 가졌는가 역시 중요하다. 어떤 사상과 그 행위자는 우리가 알아차리기 훨씬 이전부터 오랫동안 역사적 과정에서 활동적이다가 특정한 사건을 계기로 비로소 선명하게 드러나기 때문이다.

블라디미르 푸틴은 도대체 무슨 생각으로 전쟁을 일으킨 것인가? 이 물음에 답하려면, 우리는 우크라이나전쟁이 발발하기 훨씬 전부터 형성된 러시아 민족주의에 주목해야 한다. '유라시아주의(Eurasianism)'로 불리는 러시아 민족주의는 우크라이나전쟁에 어떤 역할을 했고, 또 전쟁이 끝난 뒤로도 계속될 지정학적 혁명에 어떤 영향을 미칠 것인가? 여기서 우리는 푸틴이 '유라시아'라는 말을 사용한 시점으로 돌아갈 필요가 있다. 푸틴이 총리였던 2010년 1월 1일, 러시아는 이웃한 포스트소비에트 독재국가 벨라루스, 카자흐스탄과 유라시아관세동맹을 창설했고, 2012년 초 대통령 후보가 된 푸틴은 더욱 야심 찬 '유라시아연합(Eurasian Union)'을 제안했다.

푸틴은 유럽연합 회원국을 포괄하는 유라시아 구상이 세계를 위한 새로운 이데올로기와 지정학의 시작이라고 설명했다. 2011년 10월 3일 신문《이즈베스티야(Izvestia)》에 기고한 글에서 푸틴이 발표한 원대한 유라시아 기획에 의하면 대서양과 태평양 사이, "리스본부터 블라디보스토크까지 아우르는 공간"인 유라시아가 유럽연합을 압도할 것이다. 유라시아연합은 유럽연합의 합당한 회원국으로 받아들여지지 못한 나라들과 미래에 붕괴할 유럽연합에서 빠져 나올 나라들을 하나로 묶는 계획이다. 다시 말해 "유라시아는 국가들이 유럽연합에 합류하는 것을 막고 그런 생각 자체를 방지하기 위해 고안된 방해장치였다."[1)]

이때부터 푸틴은 연설, TV 토크쇼 및 신문 기사에서 새로운 용어를 사용했다. 예를 들어 그는 서부를 언급하면서 '대서양'이라는 용어를 쓰기 시작했고, 러시아의 더 넓은 정체성에 대해 말할 때 '유라시아'라는 용어를 사용했다. 그는 러시아인을 언급할 때 러시아 민족국가에 대한 보다 시민적이고 포괄적인 용어 'Rossiisky'보다 인종과 민족으로서의 러시아인을 가리키는 'Russky'라는 용어를 점점 더 자주 사용했다.[2)] 2012년 1월 23일 일간지 《네자비시마야 가제타(Nezavisimaya Gazeta)》의 기사에서 푸틴은 유라시아를 새로운 '문명국가'로 규정했다. "러시아의 위대한 임무는 문명을 통합하고 묶는 것입니다. 이런 형태의 국가 문명에서는 민족적 소수자가 없고, '적 또는 아군'의 인정의 원칙을 공통의 문화와 공유가치로 규정하고 있습니다."[3)] 유라시아라는 개념은 이렇게 무역과 관세에 관한 '동맹'에서 새로운 문명을 추구하는 '국가연합'을 거쳐 인종과 민족에 기반한 공동체로 진화했다. 이렇게 러시아제국주의를 정당화하는 기괴한 인종적 민족주의인 유라시아주의가 탄생한 것이다.

오늘날 민족주의는 강력한 현실주의적 정치 수단이다. 정치인들은 위기의 순간에 주의를 분산시키거나 권력을 동원하거나 공고히 하기 위해 민족주의를 이용한다. 민족주의는 다양한 사람들을 획일적으로 묶을 수 있는 강력한 수단이다. 이런 까닭에 독재 세력이 민족주의를 정치적 이데올로기로 활용하지만, 민족주의 자체가 하나의 권력 수단이 되는 순간 그 세력은 오히려 민족주의의 도구가 된다. 개가 꼬리를 흔드는 게 아니라 '꼬리가 개를 흔드는' 격이 되는 것이다. 민족주의가 정치에 뿌리를 내리면 정치인은 그 논리에 따라 행동해야 한다. 푸틴이 유라시아주의라는 인종적 민족주의를 정치적 수단으로 사용하는 것인지 아니면 그 자신이 유라시아주의의 정치적 도구가 된 것인지는 오직 역사가 판단할 것이다.

분명한 사실은 푸틴이 유라시아 정책을 발표하기 오래전부터, 유럽을 지배하고 변형시키겠다는 유라시아 사상이 러시아의 정신과 문화를 지배하고 있었다는 점이다. 러시아 문화는 몽골의 침략으로 이미 심각하게 분열되어 있었다. 이러한 문화적 내상으로 생긴 분열을 극복하고 어떻게 하면 하나의 통일된 문명을 이룰 것인가가 러시아의 핵심 과제였다. 1920년대 '슬라브주의자'와 '서구화론자'로 갈라진 러시아의 상황은 이러한 문화적 분열을 대변한다. "슬라브주의자들은 진보는 환상이고 러시아는 특별한 자질을 타고났다고 믿었다. 기독 정교회와 대중적 신비주의는 서구에서는 알지 못하는 깊은 정신을 나타낸다고 그들은 주장했다. 슬라브주의자들은 러시아 역사가 1000년 전 키예프에서 이루어진 기독교 개종과 더불어 시작되었다고 상상했다."[4] 오늘날 푸틴으로 표출되고 있는 유라시아주의는 서구화론에 대한 슬라브주의의 완전한 승리를 의미한다.

물론 유라시아주의자들이 가고 싶은 '유라시아'는 상상의 영토다. 유라시아주의는 러시아가 "동쪽으로 탈출하는 것"을 의미한다. 정교회 사제 게오르기 플로롭스키(Georgy Florovsky)가 출간한 에세이집의 제목 '동방으로의 출애굽(Exodus to the East)'은 유라시아주의의 방향을 상징적으로 잘 말해준다. 러시아인들의 해방의 목적지인 동방의 유라시아는 어떤 땅인가? "러시아인과 '러시아 세계'의 민족에 속한 사람들은 유럽인도 아니고 아시아인도 아니다. 우리를 둘러싸고 있는 문화와 삶의 고유한 요소와 결합하여 우리는 스스로를 '유라시아인'이라고 선언하는 것을 부끄러워하지 않는다."[5]

동방의 유라시아가 상상의 영토라면 동방으로의 탈출 역시 현실적일 수 없다. 동방으로의 '출애굽'은 이성과 신화, 힘과 감성을 사이비종교적으로 혼합한 신비주의다. 그것은 어쩌면 러시아혁명이 초래한 폭력, 유혈사태 및 격변의 현실적 의미를 이해하기 위한 정신적 수단이었을 수도 있다. 혁명의 목적이 정확하지 않을 때 그 의미는 신학적인 것으로 전환된다. 전쟁, 혁명, 독재가 목적을 위한 수단이 아니라 새로운 실존 상태로의 전환으로 해석된다. 혁명의 견디기 어려운 폭력과 참상을 지상에서 하나님의 통치가 뒤따를 '말세'로 해석할 때 동방으로의 출애굽은 역사적 의미를 획득한다. 이 과정에서 유라시아주의가 몽골주의로 돌아가는 것은 당연하다. 유라시아주의자들은 고대 그리스와 로마의 고전 유산으로 거슬러 올라가는 유럽의 르네상스, 종교개혁 및 계몽주의가 유럽을 근본적으로 부패시켰다고 판단한다. 이러한 유럽의 부패로부터 안전하게 새로운 도시 모스크바의 토대가 만들어진 것은 몽골 지배가 가져온 관습 덕분이었다는 것이다. 유라시아주의자에 의하면 "현대 러시아의 운명은 유럽을 몽고로 바꾸는 것이었다".[6)]

러시아의 뿌리 깊은 정신적 전통인 '유라시아주의'가 현실화하는 과정을 보면서 우리는 두 명의 기이한 사상가를 만나게 된다. 이반 일린(Ivan Ilyin)과 알렉산드르 두긴(Aleksandr Dugin)은—한 사람은 푸틴을 정신적으로 인도하는 과거의 사상가로서, 그리고 다른 한 사람은 현재의 책사로서—유라시아주의에 정치적 의미와 형태를 부여한다. 두 사람 모두 독일 철학자에게서 상당히 영향을 받았다는 점도 기묘하고 이상하다. 일린은 헤겔 철학을 자기 식으로 해석하여 "정부와 국민, 국민과 정부의 유기적-영적 통일"[7)]을 추구하는 파시즘을 발전시킨다. 2014년 《포린 폴리시(Foreign Policy)》에 의해 세계 100대 글로벌 사상가로 선정되기도 한 알렉산드르 두긴은[8)] 하이데

거의 '민족' 개념을 원용하여 유라시아라는 땅과 일치하는 새로운 정신적 민족(narod)을 발명한다.[9)]

두 사상가는 모두 철학과 정치의 통일을 꿈꾼다. 철학이 다양한 해석이 가능한 단순한 사상으로 머물지 않고 정치적으로 실현되고자 할 때 얼마나 위험한가는 유라시아주의에서 잘 드러난다. 아이제이아 벌린(Isaiah Berlin)의 말처럼 "어느 교수 서재의 고요함 속에서 길러진 철학적 개념들은 문명을 파괴할 수 있다."[10)] 이렇게 표현할 수도 있을 것이다. '일린과 두긴이 푸틴을 만날 때', 철학 사상은 세계를 위험에 빠뜨릴 정치적 이데올로기가 된다. 여기서 21세기 세계의 지정학적 지각변동을 가져올 유라시아주의의 핵심 내용이 무엇인지, 그리고 그것이 왜 위험한지를 파악하려고 한다.

이반 일린의 철학적 주요 관심은 세계의 단일하고 전체적인 진리다. 신이 자신의 형상대로 창조한 인간이 자유의지를 갖게 된 것은 세계 분열의 시작이다. 우리는 하나로서 생각하고 느끼는 상태를 갈망해야 하는데, 세계는 다양한 욕망과 사상으로 분열되었다는 것이다. 현대 자유민주주의 사회의 전제라고 할 수 있는 '정신적·도덕적 상대주의'는 일린에게 타락의 상태다. 우리는 개별적 인간으로 존재하기를 멈춰야 비로소 도덕적으로 순수한 전체의 상태에 도달한다. 이것은 전체주의적 전망이다. 개인의 의지, 자유와 권리를 부정하는 사상은 전체주의적일 수밖에 없다.

그렇다면 어떻게 서구의 타락한 상태로부터 해방될 수 있는가? 일린은 러시아와 러시아인들을 예외로 취급했다. 유럽과 미국의 서구 사회가 개인주의를 삶의 기본원리로 받아들인 것과 달리 러시아는 신의 전체성을 상기시키는 근원적 '정신(Spirit)'을 유지했다고 일린은 주장한다. 러시아 민족의 영혼의 힘은 하느님에게서 나온다는 것이다. 서구는 순결한 러시아와 순수한 러시아 정신에 대한 위협이다. 이러한 적을 확인하고 제거함으로써 본래의 전체성을 회복할 수 있다는 것이 유라시아 파시즘 정치의 목표였다. 러시아만이 신성한 전체성의 원천이기 때문에 러시아는 결함 있는 외부세계에 대항해야만 한다. 이렇게 세계의 전체성에 관한 일린의 철학적 사상은 미국과 유럽, 그리고 우크라이나에 대한 전쟁을 정당화하는 것으로 끝난다.

1922년 소련이 탄생하기 몇 달 전 고국에서 추방되어 1922년부터 1938년까지 독일 베를린에서 독일 철학을 공부하고, 1938년부터 1954년에 세상을 떠날 때까지 스위스에서 살았던 일린은 파시즘이 다가올 세계의 정치를 지배할 것이라고 생각했다. 당시의 파시즘은 이성과 법률보다 의지와 폭력을 찬양하고, 국민과 신비롭게 연결되는 지도자를 제안하고, 세계화를 하나의 음모로 규정했다.[11] 이러한 파시즘 사상가 일린이 푸틴에 의해 복권되는 것은 결코 우연이 아니다. 푸틴이 과거 역사에 대한 권위자로 일린을 거명하는 순간, 유라시아주의는 러시아제국주의의 이데올로기가 되었다.

일린이 러시아의 과거를 왜곡한다면, 두긴은 러시아의 현재를 규정한다. 지난 40년 동안 알렉산드르 두긴은 한 저명한 서방 학자가 말한 것처럼 러시아만이 아니라 서구에서 러시아 이데올로그 중 가장 잘 알려진 사람이 되었다.[12] 수많은 매체를 통해 접한 두긴의 광범위한 인상은 그가 소련 언더그라운드 지성계로부터 러시아 학계와 기득권 정치계의 높은 곳까지 상승했다는 것이다. 그는 최근 세계적 차원의 주목을 받고 있으며, "세계에서 가장 위험한 철학자"[13]로 간주되고, 심지어 "지구상의 위험한 인간 중 한 명"으로 평가받고 있다. "푸틴의 두뇌", "푸틴의 라스푸틴", "미친 러시아 신비가", "크렘린 구루(Guru)"로 불리는 두긴은 실제로 우크라이나의 해체와 러시아화를 촉구한 핵심 인물이다. 오늘날 우리가 목도하고 있는 러시아 파시즘이 일린의 '기독교 전체주의', 레프 구밀료프(Lev Gumilyov)의 '유라시아주의', 두긴의 '유라시아 나치즘'으로 구성된다면,[14] 두긴은 그중 가장 위험한 사상가임에 틀림없다.

크림반도와 우크라이나 동부를 얻기 위한 싸움을 예견한 두긴은 그 누구보다 21세기의 전쟁을 필연적인 것으로 본다. 두긴의 가장 잘 알려진 책 《지정학의 토대(The Foundations of Geopolitics)》는 세계 지배에 대한 입문서라고 해도 지나치지 않다.[15] 이 책을 관통하는 것은 냉전이 공산주의와 자본주의의 충돌이 아니라 오히려 두 가지 지리적 현실 사이의 영구적 갈등이라는 생각이다.[16] 세계의 가장 거대한 대륙세력(Land power)인 유라시아와 그것의 자연적인 반대자로서 처음에는 영국에 의해, 그리고 지금은 미국에 의해 대변되는 대서양 해양세력(Sea power)의 영구적 갈등이라는 것이다.

이에 따르면 미국과 러시아의 전쟁은 예정된 것이다. 부활한 유라시아-러시아제국은 어떻게 미국의 지정학적 패배를 가져오는가? 이 물음에 대해 두긴은 다가오는 대서양주의 위협에 대한 적절한 대응은 부활한 러시아가 나머지 인류와 함께 대서양주의 아나콘다에 대항하는 것이라고 말한다. 세계화라는 명분으로 모든 것을 집어삼키는 대서양 세력을 거대한 뱀 아나콘다에 비유한다는 사실이 이미 두긴의 정치적 방향을 말해준다. "이 유라시아제국을 지정학적으로 건설하는 토대에는 하나의 기본원리, 즉 공동의 적이라는 원리가 놓여야 한다."[17] 서구는 썩어빠진 문화적 도착과 사악함, 기만과 냉소, 폭력과 위선의 모체이기 때문에 몰락해야 한다는 것이다. 이렇게 두긴은 유라시아주의라는 이름으로 반자유주의와 반미혁명을 추구한다. 일린과 마찬가지로 두긴도 순수한 러시아 문화의 원형을 지키기 위해 전쟁이 불가피하다고 주장한다.

러시아의 유라시아주의는 왜 이렇게 공격적인가? 우리는 그 단서를 푸틴이 즐겨 사용하는 단어에서 찾을 수 있다. 푸틴은 누가 주도권을 잡고, 누가 주변부에 남아 필연적으로 독립을 잃을 것인가는 경제적 잠재력만이 아니라 국가의 "열정적 에너지"에 달려 있다는 말을 즐겨 한다. '열정적 에너지(passionarnost)'는 러시아의 역사가이며 민족학자인 레프 구밀료프가 만들어낸 개념이다. 14년간 시베리아 수용소에서 지내면서 동료 수감자들이 피로와 저체온증으로 죽어가는 것을 매일 지켜본 구밀료프가 '고통'과 '열정'의 이중적 뜻을 가진 라틴어(Passio)에서 빚어낸 이 낱말은 '앞으로 나아가고 변화를 수용할 수 있는 능력'을 의미한다. 더 큰 선을 실현하기 위해 민족이 겪은 고통을 이용한다는 점에서 '고통에 대한 수용력'을 뜻하기도 한다.[18)]

유라시아주의의 정신적 뿌리인 러시아 신비주의는 민족의 고통을 전제한다. 러시아 민족에게 가장 커다란 고통은 몽골의 침입이었다. 몽골 지배 덕분에 러시아정교회가 오늘날의 모습으로 발전했다는 것은 아이러니다. 초기 몽골의 공격으로 많은 교회와 수도원이 약탈당하고 파괴되었으며 수많은 교회 신도와 수십 명의 성직자가 살해되었다. 살아남은 사람들은 종종 포로로 잡혀 노예가 되었다. 몽골군의 위력과 규모에 대한 러시아인의 충격은 엄청났다. 참담한 고통은 정치적·경제적 성격만큼이나 사회적·영적이었다. 몽골군은 자신들을 신이 보낸 사람이라고 주장했고, 러시아인은 몽골군이 신이 자신들의 죄에 대한 형벌로 보낸 것이라고 믿었다. 지옥처럼 고통스럽고 어두운 시기에 러시아인을 정신적으로 인도할 강력한 등대가 필요했다. 러시아 사람들은 결국 '내면'으로 돌아서서 믿음의 위안을 찾고, 정교회에 인도와 지원을 바라게 되었다. 이렇게 신비적인 수도원주의로 발전한 러시아정교회는 정치적 정체성의 공백을 메울 종교적 정체성으로 부상했다.[19)]

러시아 민족이 겪은 고통은 위대한 러시아제국으로 재생되어야 한다. 재생(palingenesis)은 알렉산드르 두긴의 세계관을 관통하는 핵심적 아이디어다. 재생이라는 통합적 개념은 유라시아주의의 핵심을 구성한다. 알렉산드르 두긴은 퇴폐적인 러시아의 현재 상황을 넘어 새로운 역사 단계로 넘어가려는 비전을 갖고 있다. 이러한 과정은 오직 '지정학적 혁명'을 통해서만 성취될 수 있는데, 그 변화를 일으키기 위한 최소한의 자극과 동력이 바로 유라시아주의다. 이런 점에서 유라시아주의는 일종의 정치적 종교다.[20)] 유라시아가 꿈꾸는 새로운 질서는 자본주의에 의해 파괴되지 않는 공동체, 새로운 공동체, 그리고 절대적으로 신성한 공동체이다.

문제는 이러한 질서가 오직 파시즘을 통해 전체주의적으로만 실현될 수 있다는 점이다. 두긴의 말을 직접 들어보자. "파시즘, 이것은 민족주의이긴 하지만 어떤 민족주의도 아닌 혁명적인, 반항적인, 낭만적인, 이상주의적인 민족주의의 형태이다. 이 민족주의는 불가능한 꿈을 실천하고, 영웅과 초인의 사회를 탄생시키고, 사회를 변화시키려는 위대한 신화와 초월적 관념에 호소한다."[21)] 두긴이 열망하는 새로운 질서는 오직 전체주의 정권을 수립함으로써만 실현될 수 있다. 푸틴의 우크라이나전쟁은 이러한 열망을 분명히 드러낸다.

지리가 정치를 규정하다

유라시아주의가 러시아 민족의 고통을 승화하려는 신비적 민족주의로 머문다면, 유라시아는 러시아인들이 완전히 새로운 질서라고 생각하는 꿈의 땅에 불과할 것이다. 유라시아주의가 계몽된 서구 문명의 어떤 가치도 인정하지 않는다면, 유라시아가 어떤 가치를 추구하는지도 모호하고 불투명하다. 유라시아는 유토피아가 아니면서 동시에 유토피아라고 할 수 있다. 유토피아(utopia)는 장소를 뜻하는 그리스어 낱말 '토포스(topos)'에 어떤 접두사를 붙이는가에 따라 뜻이 달라진다. 유토피아는 한편으로는 '잘 이루어진 곳(eu-topos)'이기도 하고, 다른 한편으로는 '어느 곳에도 없는 장소(ou-topos)'일 수도 있다. 러시아 민족주의가 완전히 새로운 질서로서 꿈꾸는 '유라시아'는 결코 유토피아(good place)가 아니지만, 상상에 의해 만들어진 아무 데도 없는 장소(no place)라는 점에선 분명 유토피아다.

그러나 유라시아는 지리적으로 현실이다. 러시아가 유라시아 대륙의 심장부를 자처하듯 유라시아는 러시아제국이 건설되어야 하는 구체적인 땅이다. 유라시아주의자 알렉산드르 두긴이 '대륙세력'과 '해양세력'을 서로 적대적인 지정학적 개념으로 처음 사용한 영국의 지정학자 해퍼드 매킨더(Halford Mackinder)를 호출하는 것은 우연이 아니다. 러시아가 동쪽으로의 출애굽을 통해 도달하고자 하는 곳은 유라시아의 심장부다. 그곳은 난공불락 대륙세력의 요새로 여겨졌다. 그런데 해양세력인 미국은 유럽연합과 의도적이든 비의도적이든 이 요새를 파괴하기 위해 노력하고 있는 것으로 비쳐진다. 포스트냉전 시대에 숨겨진 진리가 드러나기 시작한 것이다. 대륙세력과 해양세력 사이의 영원한 갈등과 충돌이 지정학적 지형을 흔들고 있다.

대륙세력은 언제나 자신이 통제할 수 있는 땅의 보존과 유지, 그리고 확대에 민감하다. 크렘린이 러시아의 것이 아닌 영토를 확보하고 방어하기 위해 움직이지만 다른 국가에 있는 러시아인을 방어하지 않는다는 사실은 땅의 중요성을 시사한다. 구러시아제국에는 유라시아주의자들이 '우리의 것'이라고 생각하는 부분이 있고, 그렇지 않은 부분이 존재한다. 이를 구분하는 경계선은 동유럽 전역에 문화적 국경을 그렸던 유라시아주의자들의 이론과 놀랍도록 조화를 이루는 전략적·문화적 논리를 따르는 것으로 보인다.[22] 우크라이나전쟁을 일으킨 푸틴도 동일한 지정학적 전략에 따라 움직이기 때문이다.

그렇다면 푸틴과 유라시아주의자들이 러시아의 문화적·정치적 심장부라고 생각하는 지역은 도대체 어떤 지정학적 의미가 있는가? 이 물음에 답하려면, 우리는 지리를 역사와 긴밀하게 연계시키는 '공간적 전환(spatial turn)'을 해야 한다.[23] 지리학은 장소, 공간과 관련된 문제를 이해하는 학문이다. 우리가 세계에서 '어디에서' 살고 있는가와 관련된 물음을 우리가 세계에서 '어떻게' 살고 있고 또 우리는 누구인가와 연관된 문제의 한 부분으로 이해하는 것이 공간적 전환이다.[24] 특정 지역 사람들에게는 지리의 문제가 삶의 문제와 직결된다. 왜 우리는 끊임없이 전쟁에 시달리고, 다른 어느 지역보다 훨씬 더 커다란 고통을 겪어야 하는가? 이 물음을 진지하게 생각해보면, 우리는 지리가 어느 정도 정치를 규정한다는 사실을 인정할 수밖에 없다.

지정학은 지리와 역사와 정치의 관계를 중심에 놓는다. 옥스퍼드대학과 런던대학의 교수로 재직하고, 런던정치경제대학 학장을 역임하기도 했던 해퍼드 매킨더는 '지정학(geopolitics)'이라는 새로운 지리연구 방법론을 정교하게 개척했다. 매킨더는 1904년 1월 25일 왕립지리학회에서 발표한 〈역사의 지리적 중심축(The geographical pivot of history)〉[25]이라는 논문에서 '유라시아'라는 낯선 용어로 다가올 대륙세력에 대비하지 않으면 해양대국으로서 영국의 지위가 더 이상 지속되기 힘들 것이라는 부정적 전망을 제시했다.

'유럽(Europe)'과 '아시아(Asia)'를 합친 하나의 대륙인 '유라시아'라는 단어도 낯설었지만, 세계권력의 중심이 '유라시아'에 있다는 주장은 이해하기 힘들었다. 그는 정치의 지리적 조건을 설명하면서 유럽의 역사는 아시아 유목민의 침략에 대한 지속적 저항의 역사였음을 깨달아야 한다고 주장했다. 그러나 오늘날 국제관계의 지정학에 더 깊은 영향을 준 것은 '대륙세력'과 '해양세력'의 충돌에 관한 그의 설명이었다. 19세기까지 대양을 중심으로 움직이는 해양세력이 세계를 지배했다면, 새로운 세기는 대륙세력이 주도할 것이라는 예언이다.

해퍼드 매킨더는 세계는 본질적으로 각각의 특수 기능을 수행하는 고립된 영역으로 나뉘어 있다는 생각에서 출발하여 세계의 역사적 과정을 해석했다. 그는 자신의 생각을 대표적 '지정학적 지도'로 일컬어지는 '권력의 자연적 위치(The Natural Seats of Power)'로 요약해서 표현했다. 그는 유럽의 진보와 확장은 아시아의 중심으로부터 나오는 압력에 대응할 필요성에 의해 이루어졌다고 생각한다. 지정학적 변화의 중심축이 되는 '중추 지역(pivot area)'은 유라시아 대륙의 한가운데인 '심장지대(Heartland)'를 가리킨다. 심장지대는 북쪽으로는 북극해가 가로막고 그 외의 삼면은 산악과 사막으

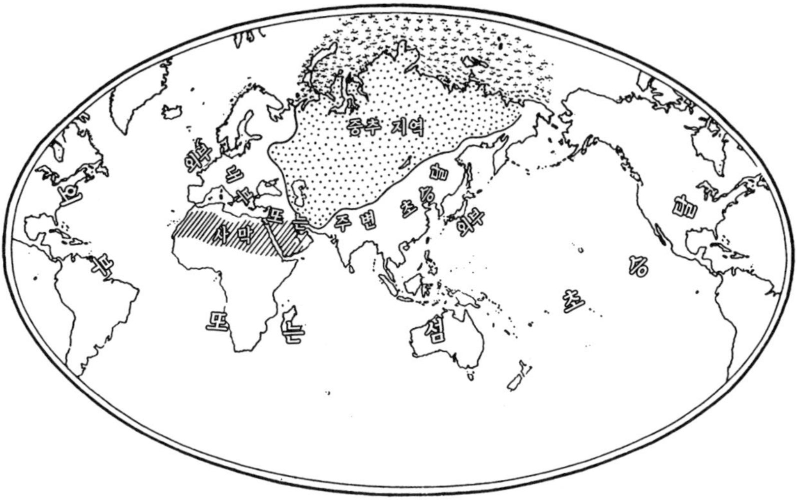

매킨더의 논문 〈역사의 지리적 중심축〉에 실린 '권력의 자연적 위치' 지도

로 둘러싸여 해양세력으로부터 보호된 대륙세력의 요새와 같다.

심장지대를 중심으로 세계는 다시 몇 개의 독립된 지역으로 나뉜다. 세계섬(World Island)은 세계의 3분의 2에 해당하는 지역으로서 유라시아와 아프리카로 구성된다. 매킨더에 의하면 중추 지역을 둘러싼 동심원이 두 개가 있다. 그중 심장지대에 인접한 작은 동심원을 '내부 또는 주변 초승달(Inner or Marginal Crescent)' 지대라고 지칭했는데, 그것은 서유럽, 서아시아, 인도, 동남아시아와 동부 차이나 지역으로 구성된 이 지대의 모양이 초승달처럼 생겼기 때문이다. 바깥의 큰 동심원은 '외부 또는 섬 초승달(Outer or Insular

Crescent)' 지대다. 주로 바다로 이뤄진 이 지역은 대륙에서 떨어진 섬나라 영국과 일본을 포함하여, 오스트레일리아, 캐나다, 북아메리카, 남아메리카로 구성된다. 외부 초승달 지역의 대표적 해양세력인 영국은 내부 초승달 지역을 식민지로 만들었다. 19세기 들어 신흥 해양세력으로 성장한 미국은 대서양을 사이에 두고 영국과 경쟁하기 시작했다.

매킨더에 의하면 러시아의 심장지대는 대륙세력과 해양세력의 충돌을 규정하는 중심축이다. 이 지역을 둘러싼 세계섬 내에서 역사적 의미를 가진 모든 지정학적 변형은 이곳으로부터의 자극으로 이루어진다는 것이다. 그는 '심장지대'가 가장 유리한 지정학적 위치에 있다고 지적했다. '중심 위치'라는 개념의 상대적 성격에서 출발한 매킨더는 세계 지정학적 과정의 맥락에서 유라시아 대륙은 세계의 중심에서 발견되며, 심장지대가 이 유라시아 대륙의 중앙을 차지한다는 사실을 강조한다. 따라서 심장지대를 지배했던 지정학적 주체가 궁극적으로 세계섬과 지구 전체를 통제하는 데 필요한 지정학적 및 경제적 잠재력을 보유하게 된다는 것이 그의 핵심 이론이다.

매킨더는 중심축 내의 지정학적 안전을 위해서는 내부 초승달 지역을 통제하는 것이 매우 중요하다고 말한다. 매킨더는 동유럽이 심장지대에 이르는 핵심이라고 생각하며 이렇게 말한다. "동유럽을 지배하는 자가 심장지대를 통제한다. 심장지대를 지배하는 자가 세계섬을 통제한다. 세계섬을 지배하는 자가 세계를 통제한다."[26] 매킨더의 '심장지대 이론'의 핵심 명제로 알려진 이 문장은 동유럽의 중요성을 극명하게 보여준다. 오늘날 동유럽은 심장지대의 구조를 결정하는 공간적 요소로 남아 있다. 심장지대와 동유럽의 지정학적 통일은 유라시아에서 중심축이 기능하기 위해 필수적인 조건이다.

19세기 영국과 러시아의 경쟁 관계를 생각해보라. 심장지대의 거의 전체를 장악한 러시아는 인도로 향하는 내륙 관문을 노크하고 있었다. 다른 편에서 영국은 중국으로 향하는 대양의 관문을 두드리면서, 인도양의 바다 문을 통해 내륙으로 진격하고 있었다. 심장지대에 대한 러시아의 지배가 동유럽의 인력(man-power)을 기반으로 했다면, 인도의 해안을 따라 전개된 영국의 힘은 서유럽의 먼 지역 인력에 의존했다.[27] 동유럽은 심장지대를 장악하고 있었고, 중국에서 인도를 거쳐 이스탄불에 이르는 심장지대 경계의 4분의 3 이상에서 영국 해상 세력과 겨루고 있었다. 매킨더의 심장지대 이론에서 동유럽의 지정학적 의미는 결정적이다. 그는 후기의 글에서 동유럽이 심장지대의 일부라는 주장을 지지한다.[28] 그는 변화하는 지정학적 현실에 따라 중심축을 재조정하고 흑해와 발트해 동유럽 유역을 심장지대에 포함시켰다. 그의 유명한 지정학적 공식은 다음과 같이 바꾸어야 할지도 모른다. "심장지대를 지배하는 자가 세계섬을 지배하고, 세계섬을 지배하는 자가 세계를 지배한다."[29]

러시아의 심장지대에 속하지 않는 우크라이나는 유라시아 전체에 대한 거대한 위험이다. 지정학적 관점에서 볼 때 푸틴과 두긴이 크림반도와 우크라이나 동부를 위한 싸움을 획책한 것은 결코 우연이 아니다. 19세기 이래 러시아는 해양세력과는 달리 식민지를 건설하지 않았다. 러시아의 대륙세력은 심장지대에 대한 지배권을 공고화하는 데 집중했다. 유럽의 역사는 물론, 식민화와 탈식민화를 중심으로 전개된다. 러시아도 예외가 아니다. 단, 러시아는 해외에 소유한 영토가 없었기에 자신의 배후지를 착취했다. 이러한 '자기 식민화'의 과정에서 우크라이나는 언제나 가장 커다란 희생자였다.[30] 1928년~1933년 제1차 5개년 계획에서 소비에트의 중앙계획에 따른, 농업에 대한 국가 통제 때문에 소비에트 우크라이나 주민 300만~400만 명이 굶어 죽었다. 1941년 시작된 독일의 점령으로는 소비에트 우크라이나 주민 300만 명이 죽임을 당했다. 이렇게 우크라이나는 20세기 유럽의 양대 신제국주의인 소련과 나치에 의해 경쟁적으로 착취되었다.

푸틴의 전체주의 정권은 심장지대에 대한 총체적 지배를 확고하게 구축한 다음, 그 영향력을 인접한 내부 초승달지대로 확장하고자 한다. 푸틴은 우크라이나 동남부에 대한 침략을 정당화하기 위해 러시아제국이 오스만제국을 물리치고 흑해 북쪽 연안의 영토를 병합한 1774년을 기억에 소환한다. 당시 이 영토는 '노보로시야(Novorossiia, 새로운 러시아)'라는 이름을 얻었다. '노보로시야'의 논리에서 보면, 우크라이나는 한때 러시아라고 불렸다는 이유로 영원히 러시아에 속하는 영토이기 때문에 반드시 통일되어야 하는 대상이다. 이렇게 유라시아라는 이름을 내세운 러시아제국주의는 국제법상의 주권국가를 역사의 이름으로 식민지화한다. 제국주의란 한 국가의 주권이 다른 국가의 행동에 의해 손상되는 모든 방식을 포함하는 것이다.[31] 식민지화가 20세기 냉전 시대를 거쳐 1991년 소련이 해체된 이후에도 계속되고 있는 것이다. 제2차 세계대전 당시 소련은 서쪽으로 영토를 확장했다.

코메콘(COMECON, 동유럽경제상호원조회의)과 바르샤바 조약은 고전적인 심장지대가 동유럽과 합병되었음을 의미했다. 이러한 유라시아의 통일이 1989~1991년 전환기에 소련과 함께 붕괴함으로써 세계섬에 새로운 지정학적·지리경제적 조건이 생겼다. 그러나 이것이 동유럽을 심장지대와 분리하지는 않았다. 베를린장벽 붕괴와 소련 해체로 인한 21세기의 지정학적 변화는 러시아를 대륙의 북동부에서 유라시아의 지정학적 주체로 고립시켰다. 그리고 그것은 중앙의 중심축을 좁혀놓는 결과를 초래했다. 동유럽, 중앙캅카스 및 중앙아시아의 상대적으로 독립적인 세 지역으로 좁혀진 러시아가 유라시아라는 이름으로 해양세력에 대한 반격에 나선 것이다.

우크라이나전쟁은 분명 대륙세력과 해양세력의 충돌이다. 그리고 이러한 충돌은 세계의 지정학적 구도에 심각한 변화를 가져올 것이다. 우크라이나전쟁은 우크라이나와 러시아의 관계에 국한되지 않고 러시아와 유럽연합, 러시아와 미국, 러시아와 중국, 그리고 러시아와 미국의 지정학적 관계를 근본적으로 바꿔놓을 것이 분명하다. 매킨더의 지정학적 이론에 따르면 심장지대를 확장하려는 러시아의 침략이 세계섬의 상호관계에 영향을 주고, 궁극적으로는 심장지대와 세계섬의 관계를 규정할 것이다. 어쩌면 유라시아 중앙에 있었던 역사의 중심축 자체가 변화할지도 모른다.

지정학적 중심축이 심장지대에서 내부 초승달지대로 옮겨 가는 것은 아닌가? 대륙세력과 해양세력의 충돌은 심장부보다는 오히려 주변부에서 일어나고 있지 않은가? 21세기 역사의 중심축은 유라시아의 서쪽인 유럽에서 동쪽인 아시아로 옮겨 가는 것 아닌가? 이러한 질문은 우리를 다른 지정학자와 만나게 한다. 미국의 정치학자 니콜라스 존 스파이크먼(Nicholas John Spykman)은 매킨더와 마찬가지로 지리가 외교정치에서 가장 기본적인 요소라는 사실에서 출발해 심장지대보다는 주변지대가 훨씬 더 중요하다는 '주변지대 이론(Rimland Theory)'을 발전시킨다. 매킨더가 '심장지대 이론'으로 영국이 유라시아 세력에 대항할 수 있는 지정학적 전략을 제시했다면, 스파이크먼의 '주변지대 이론'은 유라시아 대륙세력을 무시하고 오직 대양에 의존하는 미국의 고립주의를 경계하면 세력균형을 이룰 수 있다는 전략이다.

매킨더와 스파이크먼은 기본적으로 지정학적 전제에서 일치한다. 이들에 의하면 국가의 크기보다 중요한 것은 국가의 위치다. 세계에서만 그런 것이 아니라 특정 지역 내에서도 '위치'가 국가의 운명을 결정한다. 국가는 결코 지리적 위치로부터 도피할 수 없다. 국가는, 지리를 수정할 수는 있지만 부정할 수는 없다. "지리는 외교정책에서 가장 기본적인 요소다. 왜냐하면 지리는 영구적이기 때문이다."[32] 이런 점에서 심장지대와 내·외부 초승달지대의 관계는 변화하지 않는다.

그러나 스파이크먼은 심장지대보다 주변지대가 지정학적으로 훨씬 중요하다고 생각한다. 스파이크먼의 '주변지대(Rimland)'는 내부 초승달지대와 거의 일치하며, 이 지역은 현대 문명의 역사를 기록한 장대한 해양세력의 땅이다. 그뿐 아니라 주변지대의 모든 지역은 바다와 연결되어 있다. 이 지역의 인구는 심장지대보다 훨씬 더 많으며, 세계 자원의 약 40퍼센트가 이 지역에 몰려 있다. 이 지역의 전략적 가치는 1950년 이래 대부분의 전쟁이 이 지대에서 일어났다는 사실에서 잘 드러난다. 한국전쟁, 중국과 인도 사이의 전쟁, 아랍과 이스라엘 전쟁, 인도와 파키스탄 전쟁, 걸프전쟁, 아프가니스탄전쟁, 이란전쟁, 이라크전쟁은 모두 대륙세력과 해양세력

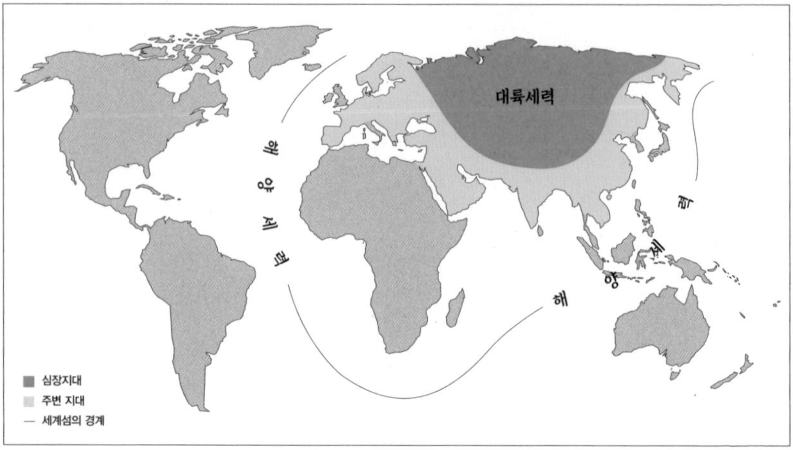

주변지대 이론

의 충돌로 빚어졌다. 이런 관점에서 스파이크먼은 매킨더의 지정학적 원리를 수정한다. "주변지대를 통제하는 자가 유라시아를 지배하고, 유라시아를 지배하는 자가 세계의 운명을 통제한다."[33]

우리는 우크라이나전쟁으로 촉발된 세계질서의 지정학적 변화에 주목해야 한다. 전쟁이 진행 중인 상황에서 우리의 시선은 여전히 전쟁이 초래할 결과보다는 전쟁의 원인을 향한다. 고대 그리스 희극작가 아리스토파네스처럼 우리는 통치자의 품성과 성격에 초점을 맞출 수 있다. 투키디데스의 함정이 시사하듯 러시아와 나토의 세력 충돌이 우크라이나전쟁을 가져왔을 수 있다. 이 모든 것이 자본주의와 함께 확산한 이기적 욕망에서 기인한 것일 수도 있다.

이러한 실마리를 좇아가다 보면 우리는 '유라시아'라는 운명적인 용어와 맞닥뜨리게 된다. 두긴은 러시아의 구원이 민주적 자유주의의 흐름에 저항하여 억압적 파시즘 정권을 구축하는 데 있다고 믿었다. 이렇게 형성될 러시아제국주의의 영토는 분명 반서구적인 지정학적 공간인 '유라시아'임에 틀림없다. 중국의 부상과 러시아의 부흥으로 새로운 중심축이 된 유라시아가 지정학적 구도만 바꿔놓는 것이 아니다. 지정학적 지각변동은 문명의 충돌을 초래함으로써 가치의 지도도 재구성할 것이다.

7장

우크라이나전쟁은 제3차 세계대전의 서막인가

중국의 부상과 제국의 귀환

우크라이나전쟁에는 또 다른 이야기가 숨어 있다. 우크라이나전쟁을 단지 유라시아주의에 취한 러시아의 침공으로만 이해하거나 나토 서방과 러시아의 패권경쟁으로만 이해한다면, 그것은 이 역사적 사건의 일부만 파악하는 것이다. 지구 전체가 하나의 복잡한 네트워크로 연결된 세계화 시대이니 지구의 한 지역에서 발생한 사건이 반대편의 다른 곳에서 커다란 변화를 유발한다는 '나비효과(butterfly effect)'를 말하는 것도 아니다. 우크라이나전쟁은 분명 21세기의 핵심적 문제인 기후변화와 맞물려 식량 부족, 기아와 난민 문제 등을 유발할 뿐 아니라 세계 무역과 금융에도 커다란 영향을 줄 것이다. 우크라이나전쟁은 코로나 팬데믹으로 드러난 세계화의 문제점을 더욱 심화하여 우리 사회를 불안정하게 만들 것이다. 그것은 과격한 세계화의 역학이 우리 사회를 불안정하게 만드는 잠재력과 힘을 가지고 있음을 보여준다는 점에서 '나비결함(butterfly defect)'으로 명명할 수도 있다.[1)]

우크라이나전쟁의 다른 이야기는 중국의 부상으로 탈제국주의 시대에 새로운 제국이 부상했다는 사실이다. 세계화 덕택으로 국력을 회복하는 데 그치지 않고 새로운 제국으로 굴기한 중국이 세계화의 원리와 시스템을 위협하고 있다는 것은 역사적 아이러니다. 세계화로 긴밀하게 연결된 현대사회에서 금융, 공급망, 보건, 에너지, 인터넷, 환경 등 글로벌 시스템의 각 요소는 건강한 상태로 유지되어야 한다. '나비결함'이라는 용어를 만들어낸 미국의 경제학자 이안 골딘(Ian Goldin)은 글로벌 시대의 "더 큰 시스템 위험은 이러한 개별 시스템 중 하나의 붕괴가 아니라 오히려 증가하는 복잡성과 이들 간의 상호의존성을 관리할 수 있는 능력의 부족"[2)]이라고 말한다. 세계화 시대에 체제의 결함을 극복하고 세계 평화를 구축하기 위해 무엇보다 필요한 것은 '국제적 협동'이다.

팬데믹이 오직 국제적 협동을 통해서만 해결될 수 있다는 점을 체험하는 순간 우크라이나전쟁이 발발했다. 우크라이나전쟁은 세계화를 가져온 국제적 협동 시스템이 작동하지 않았다는 것에 대한 방증이다. 오늘날의 글로벌 협동 시스템은 제2차 세계대전의 잿더미에서 생겨났다. 세계대전 이후 우리가 누렸던 '긴 평화'는 끔찍한 비극을 바탕으로 일궈낸 문명의 성과였다. 우리는 칸트의 평화 철학에 따라 서로 더욱 연결되어 상호의존성이 증가하면 전쟁은 더 이상 일어나지 않을 것이라 굳게 믿었다. 그러나 21세기 들어 중국이 미국에 맞설 제2의 강대국으로 부상하고 제국주의의 야심을 숨기지 않으면서 모든 것이 변하기 시작했다. 미국과 중국 사이의 패권경쟁은 언제든지 제국전쟁으로 비화할 폭발적 잠재력을 발전시켰다.

중국과 미국의 경쟁이 세계화의 시스템을 위협하는 시점에 코로나 팬데믹과 함께 우크라이나전쟁이 발발한 것이다. 많은 사람이 제국전쟁의 장소로 유라시아의 동쪽인 대만과 남중국해를 걱정하고 있을 때 왜 유라시아의 서쪽 우크라이나에서 전쟁이 발발한 것인가? 이제까지 우리는 우크라이나전쟁의 원인과 그것이 가져올 지정학적 변화를 살펴보았다. 러시아는 미국제국의 쇠퇴와 함께 세계의 지정학적 구조가 다극화되는 과정에서 자신의 정치적 위상을 확보하려고 생각했는지도 모른다. 왜냐하면 21세기 지정학적 질서에서 소위 말하는 '심장지대'는 더 이상 러시아가 아니라 '인도 퍼시픽'이기 때문이다. 강대국 경쟁의 중심이 인도-태평양으로 이동했으며, 이러한 변화는 1970년대에 점진적으로 시작되어 금세기 초에 가속화되었다.[3] 이러한 변화의 토대는 제2차 세계대전 중에 이미 만들어졌고 냉전을 통해 공고해졌다.

지정학적 관점에서 볼 때, 20세기 후반의 역사적 전환점은 베를린장벽이 무너지고 소련이 해체한 1989-1991년보다 오히려 1979년이라고 할 수 있다. 중국 지도자 덩샤오핑(鄧小平)이 미국과의 관계를 정상화하고 중국 공산당이 경제 자유화를 적극적으로 수용한 해다. 중국의 개방은 중국의 경제와 글로벌 정치력을 기하급수적으로 확장했다. 소련의 아프가니스탄 침공에 대한 이슬람 저항 조직 덕분에 이란 지역을 넘어서 광범위하게 영향력을 행사한 호메이니(Ayatollah Ruhollah Khomeini)의 혁명으로 이란에서 팔라비 왕조가 무너지고 정치적 이슬람이 집권한 것도 1979년이다. 레닌주의와 시장주의를 결합하여 국가 자본주의를 주조한 중국, 이란에서의 정치적 이슬람 집권, 그리고 부활한 유럽의 놀라운 결합은 전후 독일과 일본의 변화와 미국 주도 아래의 서구 통합 이후 그 어떤 것보다 세계를 광범위하게 재편했다.

세계의 중심축이 유럽에서 아시아로 옮겨 갔다는 것은 부인할 수 없는 사실이다.[4] 우리는 여기서 아시아로의 중심축 이동의 시점을 정확하게 파악해야 한다. 그것은 1979년 이후, 특히 중국이 세계 경제 대국 2위의 자리를 일본으로부터 물려받은 2010년 이후에 비로소 그렇게 된 것이 아니다. 현재의 지정학적 질서를 규정한 세계대전과 그 이후의 냉전 시기에 이미 아시아는 모든 변화의 중심지였다. 영국의 역사학자 리처드 오버리는 세계대전에 관한 매우 포괄적이고도 인상적인 책 《피와 폐허: 거대한 제국전쟁 1931~1945》에서 흥미로운 관점을 제시한다.[5]

첫째, 전쟁의 전통적 연대기는 더 이상 유용하지 않다. 세계대전은 1930년대 초 중국에서 시작되어 1945년 이후 10년 만에 중국, 동남아시아, 동유럽 및 중동에서 끝났다. 제1차 세계대전과 그 전후에 일어난 폭력은 1920년대와 1930년대 세계에 지대한 영향을 미쳤다. 이런 점에서 제1, 2차 세계대전은 하나로 연결된 제2차 '30년전쟁'이라고 할 수 있다. 여기서 중요한 사실은 1939년과 1945년 사이의 전쟁이 세계대전의 핵심적 이야기를 제공하지만, 갈등의 역사는 1931년 일본의 만주 점령까지 거슬러 올라간다는 점이다. 일본제국주의가 촉발한 지정학적 변화를 이해하지 못하면 세계대전의 성격을 올바로 파악할 수 없다는 것이다. 이런 점에서 중국 부상의 과정과 의미를 정확하게 파악하지 않고서는 2022년 우크라이나전쟁을 이해할 수 없다.

둘째, 세계대전은 유럽 추축국(樞軸國)의 패배에 국한된 전쟁이 아니라 세계질서를 근본적으로 바꿔놓은 세계적인 사건이다. 세계대전은 일본, 독일, 이탈리아 등 추축국과 이에 대적한 미국, 영국, 프랑스 등 연합국 사이에서만 이루어진 것이 아니다. 중부 유럽, 지중해, 중동, 동아시아의 불안정한 지역은 모두 더 넓은 지역에서 글로벌 안정에 위기를 가져왔다. "아시아 전쟁과 그 결과는 전후 세계의 창조에 있어 독일이 유럽에서 패한 것만큼이나 중요했으며 틀림없이 더 중요하다." 우리는 세계대전과 함께 식민 제국이 해체되고 현대 중국이 탄생했다는 사실에 주목해야 한다.

셋째, 갈등은 여러 종류의 전쟁으로 재정의해야 한다. 우리는 통상 전쟁을 국가와 국가 사이의 공격 및 방어 전쟁으로 이해하지만, 세계대전 이후 전쟁은 다양한 방식으로 전개되었다. 한국전쟁처럼 같은 국가 내에서 대리전의 형태로 치러진 시민전쟁도 있고, 중국에서 그러했듯 장제스와 마오쩌둥(毛澤東) 사이의 탈식민지 권력을 둘러싼 전쟁일 수도 있다.

넷째, 제2차 세계대전은 마지막 제국전쟁이다. 추축국이 자신들이 대체하고자 하는 오래된 제국을 모방하기 위해 자체적인 글로벌 결합을 만든 것처럼 제국주의적 설계와 위기는 반복된다. 세계대전의 최종 결과는 수 세기에 걸친 식민주의를 종식시키고, 탈식민지 국민국가를 공고화했다. "수 세기에 걸친 유럽의 무자비한 팽창은 유럽의 수축으로 이어졌다. 1945년 이후 수십 년 동안 두 개의 초강대국인 미국과 소련이 새로운 세계질서의 창설을 주도하면서 전통적인 식민 통치의 잔재가 급속히 무너졌다."[6]

중국의 부상은 탈제국주의 시대에 '제국의 귀환'을 의미한다. 일본제국의 위협으로 국가의 생존이 위태롭던 중국을 오늘날의 제국으로 올려놓은 것은 사실 세계대전과 냉전이다. 1945년 독일과 일본의 패배와 항복, 1943년 이탈리아의 조기 항복은 1931년 만주 침공과 함께 시작된 폭력적인 제국 건설의 14년을 갑자기 극적으로 끝냈다. 독일, 일본, 이탈리아 등 추축국 중 어느 나라에서도 새로운 제국주의를 지지했던 세력이 제국주의의 부활을 시도하지 않았고, 제국주의를 부채질하던 급진적 민족주의를 유지하려고 하지도 않았다. 추축국은 식민지 시대에 획득한 모든 영토를 포기했다. 미국은 그 대가로 엄청난 비용을 감수하고 이들을 재건했다. 독일과 일본은 사실 제국주의와 식민주의를 포기함으로써 경제 대국으로 발전할 수 있었다.

1945년 이후 문제는 사실 중국이었다. 전후 중국의 미래를 두고 서방 동맹국은 서로 다른 견해를 가지고 있었다. 중국을 전후 안보와 세계질서를 관장하는 핵심 국가로 끌어들인 것은 미국의 루스벨트(Franklin D. Roosevelt)였다. 중국은 이렇게 1946년 유엔 안전보장이사회의 이사국이 되었다. 영국이 1945년 9월 홍콩을 재점령한 데서 알 수 있는 것처럼 영국은 약하고 분열된 중국이라는 개념을 선호했지만, 미국은 "강하고 민주적인 통일된 중국"을 원했다. 영국의 존재와 영향력이 줄어들고 거의 용인되지 않은 곳에서 전후 중국에 대한 미국의 개입은 광범위했다. 1945년에서 1948년 사이에 총 8억 달러에 달하는 지원 패키지가 제공되었는데, 이는 중국에 대한 전시 지원 가치의 총액보다 많은 금액이었다.[7] 미국의 의도는 중국을 민주주의 모델로 빠르게 발전시키는 것이었다. 그러나 결과는 정반대였다. 민주주의라기보다는 중앙집권적 권위주의에 가까운 체제를 수립한 마오쩌둥은 1949년 제국주의 지지자들의 종말을 의기양양하게 선언했다. "우리는 더 이상 모욕과 굴욕의 나라가 되지 않을 것입니다. 우리는 일어섰습니다."[8)]

중국을 전후 세계질서를 보장하는 핵심 국가로 만든 것이 미국이었다면, 중국을 자국에 위협이 될 정도로 키워놓은 것도 사실 미국이다. 닉슨(Richard M. Nixon)과 키신저(Henry A. Kissinger)가 중국을 개방시키려고 했을 때 물론 주요 관심 대상은 소련이었다. 중국을 통해 소련을 견제하려는 생각이 너무 커서, 그들은 중국이 오늘날과 같은 경제 대국으로 발전하리라고는 상상조차 하지 못했다. "우리가 프랑켄슈타인을 만든 것인지도 모르겠네"[9)]라는 닉슨의 말처럼 중국을 괴물로 만든 것은 바로 미국이다. 만약 미국이 아니라 영국의 구상대로 전후 중국이 관리되었다면, 오늘날 세계질서는 어떻게 되었을까? 물론 영국은 1945년 일본의 항복 이후에도 중국 남부의 홍콩 통제권을 유지했다. 홍콩은 1984년 중국과 영국이 발표한 협정에 따라 1997년에야 비로소 베이징의 통제 아래로 복귀했다. '일국양제' 협정에 따라 중국 공산당은 홍콩이 일정 수준의 자치권을 유지하도록 허용하는 데 동의했다. 그러나 2047년까지 민주주의 통치와 시민의 자유를 보장한다는 약속은 중국제국주의의 논리에 따라 이미 폐기되었다고 해도 과언이 아니다.

여기서 우리가 주목해야 하는 것은 홍콩의 지정학적 의미와 역할이다. 베이징의 공산주의 정권은 법치주의가 지배하는 세계적 수준의 국제 금융 중심지인 홍콩의 특별한 이점을 누릴 수 있었다. 중국 공산당은 이런 이점을 다른 방법으로는 결코 획득할 수 없었다. 덩샤오핑의 개방정책이 시행되는 동안 홍콩은 특히 중국 본토에 필수적인 외국인 직접투자를 유치했다. 홍콩의 영향력은 막강했다. 사람들은 종종 소련과 중국의 개방정책을 비교하면서 미하일 고르바초프(Mikhail Gorbachëv)가 왜 더 성공적인 중국 방식을 채택하지 않았는지 의아해하지만, 미국의 역사학자 스티븐 코트킨(Stephen Kotkin)은 이유는 간단하다고 주장한다. 러시아에는 '홍콩'이 없었다는 것이다. "영국의 홍콩이 없었다면, 중국의 기적도 없다."[10] 고도로 도시화하고 산업화한 국가와 대부분이 농촌인 국가 사이의 거대한 격차를 넘어서 해외투자를 유치하고 유도할 '홍콩'이 오늘날의 중국을 만든 것이다.

전후 질서의 대전환기는 중국이 개방한 1979년이다. 유라시아 동쪽 대륙의 중국 개방은 1989년 베를린장벽 붕괴와 1991년 소련 해체라는 전환기를 통해 지속되었다. 여기서 어떤 전환이 더 커다란 영향력을 가졌는지는 중요하지 않다. 중국의 부상으로 세계의 지정학적 질서가 근본적으로 바뀌고, 새로운 제국전쟁의 가능성이

커졌다는 사실이 중요하다. 중국이 대변하는 대륙 제국과 미국이라는 해상 제국의 경쟁은 필연적이다. 그것이 어떤 결과를 초래할지, 제3차 세계대전이라는 제국전쟁으로 발전하지 않고 새로운 지정학적 균형을 이룰지는 우크라이나전쟁의 결과에 달려 있다. 왜냐하면 우크라이나전쟁으로 미국과 유럽이 자신을 재발견하고 혁신적으로 갱신한다면, 중국은 나치독일과 일본제국과는 달리 영토에 대한 직접적 지배력이라는 대륙 제국의 전략을 수정할 수도 있기 때문이다. 자국을 강대국으로 발전시킨 세계화 체제를 스스로 해치는 것은 결국 중국 자신에게도 일종의 자해행위이기 때문이다.

중화주의라는 중국적 유라시아주의와 문명의 충돌

우크라이나전쟁으로 세계질서가 지정학적으로 새롭게 구성되고 세계정치 또한 새로운 단계로 접어들 것이다. 만약 현재의 갈등이 세계대전과 냉전을 가져온 패권경쟁의 패러다임을 반복한다면 새로운 제국전쟁은 어떤 양상으로 전개될 것인가? 세계질서의 지정학적 지각변동은 틀림없이 투키디데스의 함정을 만들어놓을 것이다. 유라시아의 서쪽 지역에서 1989~1991년 이루어진 지정학적 변화가 나토의 동진을 통해 러시아가 과거 위대한 러시아제국의 복원을 갈망하게 했다면, 유라시아 동쪽 지역인 동아시아에서는 중국의 부상으로 생긴 투키디데스의 함정이 그때까지 이 지역에 대한 패권을 주장했던 일본과 미국에 상당한 고민거리를 안겨주었다.

제국 사이의 시스템 경쟁은 단순히 패권 싸움으로 끝나지 않는다. 이는 종종 극복할 수 없는 문명의 충돌을 초래한다. 그것은 제국의 본질 속에 들어 있다. 그렇다면 제국은 도대체 무엇인가? "제국들은 커다란 국가 이상의 것이다. 그들은 자신만의 고유한 세계에서 움직인다. 국가들은 다른 국가들과 공동으로 만들어 혼자서 통제할 수 없는 질서에 묶여 있다. 반면, 제국들은 스스로를 한 질서의 창조자와 보증자로 이해한다. 이 질서는 궁극적으로 제국에 의존하고, 제국은 항상 위협이 되는 혼돈의 침입에 대항하여 이 질서를 방어해야 하기 때문이다."[11] 제국은 단순한 국민국가와 다르다. 국가들은 국제법에 예속되어 있지만 제국은 국제법을 넘어 자신의 정치적 질서를 구축한다. 한 질서를 창조하고 또 이를 보존하고 유지하려면 강력한 경제적 힘과 정치적 권력뿐 아니라 문화적 가치가 필요하다. 역사상 제국은 항상 문화적 중심지였다는 사실이 이를 잘 말해준다.

우리는 제국과 대국을 구별해야 한다. 국가가 크다고 다 제국은 아니다. 영토국가의 경계는 분명하지만, 제국의 경계는 분명하지 않다. 예컨대 미국의 시민은 세계의 거의 모든 곳에 갈 수 있지만,

세계의 모든 사람이 미국에 입국할 수 있는 것은 아니다. 제국은 또한 패권과도 구별되어야 한다. 패권은 본래 형식적으로는 동등한 국민국가들 사이에서 행사하는 우월한 지배권을 의미한다. 위성국가들을 중앙에서 관장했던 소련의 체제가 대표적이다. 물론 이러한 패권이 실질적 지배로 전환되는 경우도 많다. 끝으로, 탈식민주의 시대에 등장한 제국은 과거의 전통적 제국주의와 구별하기도 한다. 제국주의가 근본적으로 정치적·경제적 지배권을 다른 국가의 영토로 확장하려는 침략주의와 팽창주의적 성격을 띤다면, 20세기 자유주의 제국인 미국은 근본적으로 반제국주의적 제국이라는 것이다.[12] 미국은 과연 제국인가? 스스로 던진 이 질문에 대해 니얼 퍼거슨은 '그렇다'라고 답하면서 미국이 제국이지만 행정관도, 정착민도, 직접적인 통치자도, 제국주의자도 없는 제국이라고 말한다.

오늘날 우리는 중국에 대해 똑같은 질문을 던져야 한다. 중국은 제국인가? 만약 그렇다면 어떤 제국인가? 우리가 이 질문에 긍정적으로 답한다면, 우리는 제국주의 이후의 제국에서 다시 제국주의 시대의 제국으로 회귀한다는 사실을 인정할 수밖에 없다. 중국이 어떤 종류의 제국인가는 자국민과 이웃 국가를 어떻게 대하느냐에서 잘 나타난다. 천안문 사태에서 홍콩의 보안법에 이르기까지 중국의 방식은 권위주의적이고 제국주의적이다.

공산주의 국가 중국은 청나라의 다민족 제국을 계승했지만,

1950년과 1951년에 중국의 공산주의자들은 1912년부터 자치를 유지해온 티베트를 점령했다. 스탈린은 전쟁 중과 전쟁 후에 신장 위구르 지역의 이슬람 분리주의자들을 지원했지만 1949년 중국 공산주의자들이 한족 정착을 장려하도록 조언했다. 중국의 지배력을 강화하기 위해 신장의 화교 인구를 5퍼센트에서 30퍼센트로 끌어올리는 것이 목표였다. 2020년 인구조사에 따르면 한족은 신장 인구의 42퍼센트를 차지한다. 위성 이미지로 확인된 2018년 유엔 보고서에 따르면 중국은 최소 100만 명의 위구르인을 '재교육'을 빙자한 강제 노동수용소에 가두어 넣었다. 중국의 일대일로 정책은 이러한 제국주의 정책의 연장이다.

우리는 여기서 미국제국과 중국제국 사이에 커다란 차이가 있음을 알 수 있다. 투키디데스는《펠로폰네소스 전쟁사》에서 "페리클레스의 장례식 연설"을 소개함으로써 제국전쟁이 단순한 패권경쟁이 아니라 문명의 충돌일 수 있음을 암시한다. "우리 헌법은 이웃 국가의 법을 모방하지 않습니다. 우리는 남의 것을 모방하기보다는 오히려 남들의 모범이 되고 있습니다. 그 행정부는 소수보다 다수를 선호합니다. 이것이 민주주의라고 불리는 이유입니다. (…) 그리고 결과를 두려워하지 않고 이해를 따지지 않으며 자유를 신뢰하여 이익을 제공하는 것은 우리뿐입니다."[13] 페리클레스는 무엇이 좋은지를 판단하는 데에서도 아테네는 다른 나라와 완전히 다르다고 강조한다. 아테네는 자신의 가치를 위해 싸우기 때문에 패권경쟁은 결국 문명의 충돌인 셈이다. 전사자를 기리면서 페리클레스는 "여러분은 그들을 모범으로 삼아 자유가 없는 곳에 행복이 없고, 용기가 없는 곳에 자유가 있을 수 없다는 것을 깨닫고 전쟁의 위험 앞에서 망설여서는 안 될 것"[14]이라고 말한다. 미국제국이 이 전통을 계승한다는 점은 분명하다. 미국은 종종 의도한 결과를 얻지 못하더라도 항상 자유민주주의를 확산한다는 명분으로 전쟁을 해왔다.

그렇다면 중국은 도대체 어떤 가치를 추구하는가? 우크라이나전쟁과 러시아 유라시아주의의 밀접한 관계를 인정한다면, 우리는 미래의 제국전쟁이 동시에 문명의 충돌을 초래할 것이라는 점을 받아들여야 한다. 미국의 정치학자 새뮤얼 헌팅턴은 1993년《포린 어페어스(Foreign Affairs)》에 실은 〈문명의 충돌?〉이라는 도전적인 글에서 "문명의 충돌이 글로벌 정치를 지배하게 될 것"[15]이라고 예견했다. "이 새로운 세계에서 갈등의 근본적인 원인은 주로 이념적이거나 경제적이지 않을 것이다. 인류 사이의 큰 분열과 갈등의 지배적 원인은 문화가 될 것이다." 이것이 문명의 충돌에 관한 헌팅턴의 핵심 가설이다. 그러나 미래를 내다본 듯한 이 통찰력 있는 이론은 세계화가 한창이던 당시에는 별로 환영받지 못했다. 세계화를 통해 지구 전체가 하나의 문화 공동체로 발전해가고 있는데 '문명의 충돌'이라니 가당치도 않은 소리였다.

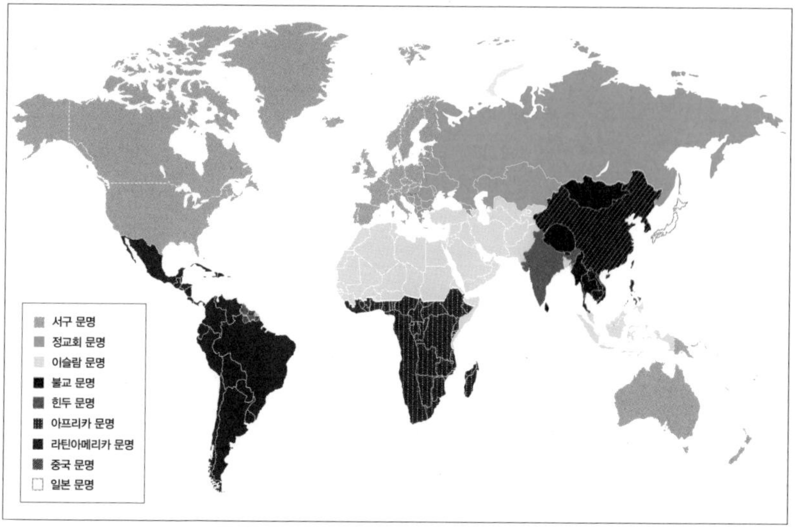

새뮤얼 헌팅턴의 세계 문명 지도

헌팅턴은 문명을 광범위한 문화적 독립체로 규정한다. 언어, 역사, 종교, 관습, 제도 및 그것을 공유하는 사람들의 주관적 정체성 감정을 통해 사람들을 문화적으로 구성하는 것이 문명이라는 것이다. 헌팅턴은 미래에는 서구, 유교, 일본, 이슬람, 힌두, 슬라브정교, 라틴아메리카, 아프리카 문명처럼 주요 문명의 정체성이 중요해질 것이라고 강조하면서, "미래의 가장 중요한 갈등은 이러한 문명을 서로 분리하는 문화적 단층선을 따라 발생할 것"[16]이라고 예견한다. 그리고 이 예견은 적중했다. 우크라이나전쟁은 서구와 러시아 유라시아주의를 가르는 단층에서 발발했다. 미래에 있을 수 있는 중국과 미국의 제국전쟁 역시 서구 문명과 중국 문명을 갈라놓는 지정학적 단층선에서 일어날 것이다.

헌팅턴의 '문명의 충돌'은 매우 현실적이다. 그는 자신의 가설을 여섯 가지 명제로 뒷받침한다. 첫째, 문명의 차이는 실재일 뿐 아니라 기본적이다. 문명의 차이는 오랜 역사를 통해 형성되기 때문이다. 둘째, 서로 다른 문명에 속한 사람들의 상호작용이 증대된다. 세계는 좁아지고 갈등은 그만큼 많아진다. 셋째, 전 세계에 걸쳐 일어나는 경제적 현대화와 사회변동의 과정은 사람들을 오래 지속된 지역 정체성으로부터 분리시킨다. 넷째, 권력의 정점에 있는 서구는 점점 더 비서구적 방식으로 세계를 형성하려는 열망, 의지 및 자원을 가진 비서구와 대면하게 된다. 다섯째, 문화적 특성과 차이는 쉽게 변화하지 않는다. 여섯째, 경제적 지역주의가 증대한다. 간단히 말해 세계화가 진행되면 될수록 문명의 의식은 더욱 강화된다는 것이다.

문명의 차이는 정치적·경제적 차이와는 달리 쉽게 타협되지 않고 쉽게 해결되지도 않는다. "예전의 소련에서 공산주의자는 민주주의자가 되고, 부자는 가난해지고 또 가난한 사람은 부자가 될 수 있다. 그러나 러시아인은 결코 에스토니아인이 될 수 없다."[17] 설령 중국의 국민 총생산액이 미국을 추월하더라도, 중국인은 결코 미국인이 될 수 없다는 것이다. 물론 이러한 문명 차이가 반드시 갈등을 의미하지 않으며, 차이가 반드시 폭력을 의미하지는 않는다. 헌팅턴은 이 점을 인정하면서도 "수백 년 동안 문명들 사이의 차이는 가장 길고 가장 폭력적인 충돌을 발생시켰다"[18]라며 역사적 사실을 확인한다. 문명의 충돌이 제국전쟁으로 이어질 때 그 폭력성이 어떨지는 상상하기조차 힘들다.

헌팅턴의 혜안은 보편적 가치에 대한 서양의 믿음이 사라지면 정치적 결정의 주체와 방향이 자신의 정체성을 보장하는 문명 집단에 의해 이루어진다는 현실적 인식에 있다. 정치적 방향을 규정했던 이데올로기와 강대국의 관계는 이제 점차 문화와 문명에 자리를 내준다. 여기서 핵심적 문제가 제기된다. 유라시아주의와 같은 특수한 가치에 기반하여 종교적·문화적 동기를 갖고 결정하고 행동하는 정치적 주체가 과연 현대의 복잡한 문제를 해결할 수 있는가? 서구의 보편주의와 함께 국가 간의 갈등과 관계를 '이성적'으로 규제하는 국제법적 질서마저 버린다면, 문명 충돌의 성격을 가진 제국전쟁을 어떻게 규제할 수 있는가? 서로 다른 가치를 지향하는 미국제국과 중국제국의 충돌은 이런 정치적 문제를 제기한다.

이런 문제에 대한 헌팅턴의 주장은 대체로 다시 두 가지 핵심 명제로 압축할 수 있다. 하나는 인간의 정치적 본성에 관한 것이고, 다른 하나는 이런 본성을 폭로한 현실적 권력관계에 관한 것이다.

첫째, 문명에 기반한 민족주의는 막강한 정치 이념이다. 둘째, 서구가 보편주의를 강조하고 강요하면 할수록 나머지 세계는 더더욱 민족주의와 특수주의로 기울게 된다. 헌팅턴의 입장은 현실주의적 정치학자 존 미어샤이머의 인식과 유사하다. 존 미어샤이머는 현재의 정치를 '자유주의와 민족주의'의 대립으로 파악하면서 이렇게 말한다. "민족주의는 정말로 막강한 정치 이념이다. 민족주의 이념은 세계를 다양한 국가들로 나누어놓는 중심적 이념이고, 국가는 막강한 힘을 가진 사회 단위이며, 그들은 각각 자신만의 특이한 문화를 보유하고 있다. 세계의 거의 모든 민족은 비록 그들의 소원이 모두 이루어질 수는 없지만, 자신들만의 고유한 국가를 가지고 싶어한다."[19] 자유주의는 보편주의이고 민족주의는 현실적 특수주의다.

세계화 시대는 지구상의 다양한 민족이 가진 가치와 문화의 차이를 극복하고 모든 사람이 평화적으로 공존할 수 있는 보편적 가치가 존재한다고 전제했다. 서구는 모든 나라가 자유민주주의 국가가 되는 세상을 꿈꿨다. 우리는 오랫동안 현대화를 서구화로 이해했고, 실제로 서구의 생활양식이 나머지 세계로 확산되었다. "피상적 수준에서 서구 문화의 많은 부분이 실제로 나머지 세계에 스며들어 있다. 그러나 보다 기본적인 수준에서 서구의 개념은 다른 문명에 널리 퍼진 개념과 근본적으로 다르다."[20] 개인주의, 자유주의, 법치주의, 인권, 평등, 자유, 민주주의, 자유시장, 그리고 정교분리에 관한 서구의 신념과 가치는 나머지 다른 세계에서 쉽게 받아들여지지 않는다. 이와는 반대로 그들은 자신들을 다른 문명권 사람들과 구별하는 자기네들의 고유한 가치와 신념 체계를 소중하게 여긴다.

보편적 문명은 서구의 이념이다. 서구가 보편적 가치와 이념을 무기로 다른 문명권에 간섭할수록 나머지 세계의 저항과 반발은 강해진다. 이런 문명의 충돌이 지금 미국제국과 중국제국 사이의 갈등으로 나타나고 있다. 미국의 트럼프가 그랬던 것처럼 중국의 시진핑이 원하는 것은 분명하다. 그것은 '중국을 다시 위대하게 만드는 것'이다. 문제는 서로 추구하는 위대함의 방향이 다르다는 것이다. 문명의 충돌은 가치의 차이가 개인 차원에 머무르는 것이 아니다. 그것은 국가의 차원으로 확대된다. 헌팅턴에 따르면 많은 아시아 사회에 스며든 유교적 윤리체계는 "권위, 위계, 개인의 권리와 이해의 종속, 합의의 중요성, 대결의 회피, 체면 지키기, 그리고 사회에 대한 국가의 우위와 개인에 대한 사회의 우위"를 강조한다. 이에 반해 서구의 자유주의적 신념 체계는 "자유, 평등, 민주주의, 개인주의, 그리고 정부를 불신하고, 권위에 반대하고, 견제와 균형을 촉진하고, 인권을 신성하게 여기는 경향"에 기반한다.[21] 중국은 과거에 있었던 영원한 질서를 동경하고, 미국은 과거를 잊고 현재의 즉각적인 이익 극대화를 추구한다.

미국의 정치학자 그레이엄 앨리슨은 미국과 중국이 어떻게 투키디데스의 함정을 피할 수 있는가를 정교하게 다룬 책《예정된 전쟁》에서 미국과 중국의 문명 차이를 매우 명료하게 체계화했다. 미국이 스스로를 '일등국'으로 인식한다면 중국은 자신을 '우주의 중심'으로 파악한다. 미국의 핵심 가치가 '자유'라면 중국의 핵심 가치는 '질서'다. 미국의 시민들이 정부를 '필요악'으로 바라본다면 중국 사람들은 '필요선'으로 파악한다. 미국의 정부 형태가 근본적으로 '민주 공화정'이라면 중국은 '권위주의' 정부 형태다. 미국은 다른 문명권에 대해 '선교적' 태도를 보이지만 중국은 자신들의 생활방식이 '모방 불가'라고 생각한다. 미국인들은 외국인들에 대해 '포용적'이지만 중국인들은 '배타적'이다. 미국의 시간 지평은 '현재'인데, 중국은 '영원'에 초점을 맞춘다. 미국은 '발명'을 통해 변화를 추구하는데 중국은 '복고'를 통해 진화하려 한다. 미국 외교정책의 방향이 '국제질서'라면 중국은 '조화로운 위계'를 추구한다.[22)]

중국의 민족주의인 '중화주의'는 모든 면에서 서구의 '자유주의'와 대립한다. 이러한 사실이 서구의 권력이 최고점에 이르렀을 때 드러나기 시작했다는 것은 우연이 아니다. 미국과 서구는 자신들의 자유민주주의를 확산하면서, 동시에 이에 대해 반대하는 힘을 키웠던 것이다. 헌팅턴은 바로 이 역설적 전환점에 주목했다. 중국은 미국의 보편주의 이념을 지지한 적이 한 번도 없었다. 중국은 덩샤오핑의 '도광양회(韜光養晦)'처럼 자신을 드러내지 않고 때를 기다리며 실력을 길렀을 뿐이다. 천 년을 이어오던 중국의 지배가 19세기 전반 갑자기 막을 내리고 제국주의 서유럽 세력과 정면으로 마주하게 된 때부터 지금까지 중국은 기다렸다. 중국은 1839년과 1856년의 아편전쟁, 수백 년간 조공국으로 취급했던 일본에 의한 점령과 약탈, 40여 년간의 내전 등으로 점철된 '굴욕의 세기'를 잊은 적이 없었다. 그들은 세계화라는 서구의 제국주의 전략을 거꾸로 이용하여 자신들의 국제질서를 만들 힘을 키웠다. 이렇게 미국과 중국 사이에는 세계화가 파놓은 '투키디데스의 함정'이 깊게 놓여 있다.

우크라이나전쟁은 이 함정을 더욱 분명하게 드러낸다. 유라시아의 서쪽 끝에서 러시아가 아시아화하면서 서구를 밀어내고, 동쪽 끝에서는 중국이 미국과 정면으로 대립하고 있다. 중국의 중화주의와 러시아의 유라시아주의가 결합하면서 지정학적 지각변동이 일어나고 있다. 한 나라가 다른 주권국가를 무력으로 침공하는 것은 분명 제국주의다. 그것은 영토를 넓혀 지배권을 확대하려는 대륙제국의 특성이다. 중국의 러시아 편향은 분명하다. 푸틴은 러시아를 침공하기 전에 중국의 시진핑과 협의했으며, 중국의 민족주의자들은 우크라이나전쟁을 두고 미국과 나토를 맹렬히 비난한다. 그들은 러시아가 서구와의 전쟁에서 승리하기를 바라고, 중국과 러시아가 더 가까워지기를 원한다. 왜냐하면 중국과 러시아의 공동의 적은 바로 서구의 자유민주주의이기 때문이다.

우크라이나전쟁이 우리에게 요구하는 것

우리가 전쟁을 다시 생각하는 것은 평화를 위해서다. 평화를 위해 전쟁을 배제하면 오히려 평화가 파괴된다. 이것이 역사의 교훈이다. 코로나 팬데믹과 함께 찾아온 우크라이나전쟁은 우리를 오랜 평화의 미몽으로부터 깨워놓았다. 영구평화가 가능하다는 확신은 전쟁 사이에 잠시 찾아온 '오랜 평화'가 빚어놓은 착각이었다. 코로나 팬데믹의 '안전'과 '자유'라는 가치의 딜레마를 만들어놓은 것처럼 우크라이나전쟁은 우리에게 실존적으로 중요한 문제를 제기한다. 왜, 무엇을 위해 전쟁을 해야 하는가?

우크라이나전쟁은 우리에게 실존적 결단을 요구한다. 독일의 법철학자 카를 슈미트는 정치적인 것의 본질은 적과 친구를 구별하는 것이라고 말한다. "정치적 행위와 동기들이 환원되는 특별히 정치적인 구별은 친구와 적의 구별이다."[23] 너무나도 차갑고 냉혹하게 들리는 이 유명한 명제를 말하면서 슈미트는 "친구와 적의 개념을 구체적이고 실존적인 의미에서 파악해야 한다"[24]라고 강조한다. 우리는 친구와 적을 단지 비유와 상징으로만 이해해서는 안 된다.

내가 어떻게 살 것인가? 나는 어떤 사회와 국가에 살고 싶은가? 이 물음에 대한 답은 구체적이고 실존적이다. 따라서 적은 내가 반감이나 원한이 있는 경쟁자나 반대자를 의미하지 않는다. 설령 중국의 어떤 민족주의자가 우크라이나전쟁을 지지하고 러시아 편을 든다고 해도 내가 그와 사적 원한 관계에 있는 것은 아니다. 그는 나의 사적인 적이 아니다. 나는 단지 그런 생각을 품은 사람을 싫어하고 그런 나라에서 살고 싶지 않을 뿐이다.

이 점에서 미국과 중국의 제국전쟁은 우리에게 정치적·실존적 선택을 요구한다. 자유주의인가, 아니면 권위주의인가? 개인주의인가, 아니면 국가주의인가? 개인의 권리와 자유인가, 아니면 사회의 질서인가? 두 대안이 양자택일의 문제가 아니라 조화와 균형의 문제라고 생각한다 할지라도, 중심과 강조는 분명해야 한다. 자유를 중심에 놓고 안전을 추구하는 것과 안전을 절대적 가치로 설정하고 그 안에서 자유를 원하는 것에는 엄청난 차이가 있기 때문이다. 우리가 자유주의의 가치와 해양 제국의 전략을 따른다고 해서 그것이 중국과의 적대관계를 의미하는 것은 아니다. 그러나 권력관계의 핵심은 분명해야 한다.

우크라이나전쟁은 이렇게 지정학적 질서만이 아니라 가치관의 지형에서도 지각변동을 야기한다. 헌팅턴이 지적한 것처럼 "동아시아에는 국가 간 갈등의 씨앗이 너무 많다. 두 개의 널리 확인된 위험 지점은 두 개의 한국과 두 개의 중국과 관련이 있다."[25] 대만과 한국, 냉전의 결과로 생긴 두 국가는 지금 또 다른 제국전쟁의 영향을 받을 처지에 놓여 있다. 우크라이나전쟁은 지정학적 지각변동을 통해 유라시아의 동쪽 끝에 있는 우리에게 실존적 결단을 요구한다. 전쟁을 지구의 다른 지역에서 발생한, 우리와 별로 상관이 없는 분쟁으로 치부해서는 안 된다. 우리는 전쟁을 진지하게 생각해야 한다. 차라투스트라의 말을 경청하며 전쟁의 의미를 성찰해야 한다.

> "그대들은 언제나 그대들의 눈으로 적을, 그대들의 적을 찾는 자여야 한다. (…) 그대들은 자신들의 적을 찾아내어 자신들의 전쟁을 수행해야 한다. 그대들의 사상을 위해! 그리고 그대들의 사상이 패배할지라도 그대들의 정직함만은 그것을 넘어서 승리를 외쳐야 한다!"[26]

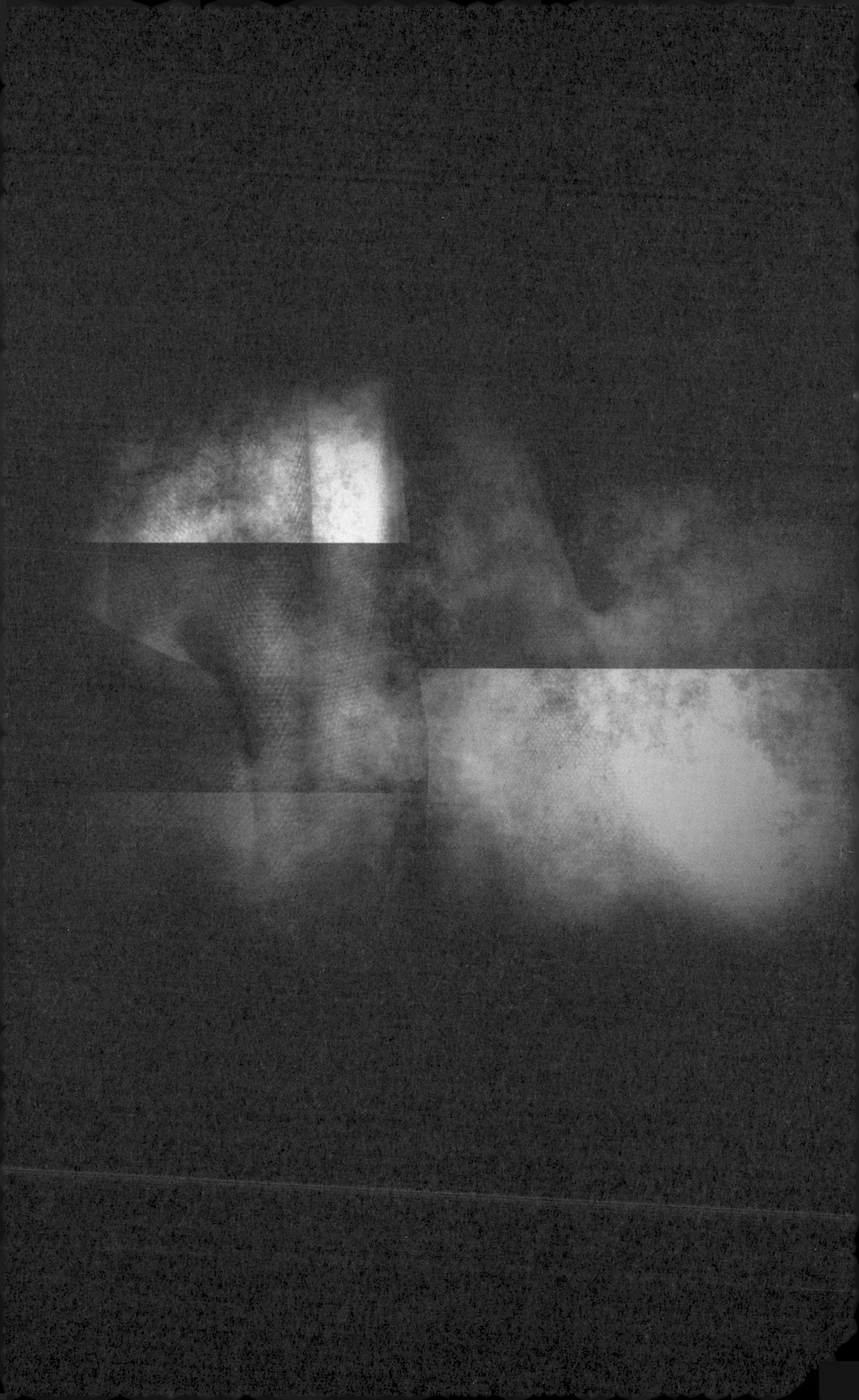

에필로그

전쟁을 마주하는 철학자의 딜레마

전쟁의 한복판에서 전쟁을 생각하다

"평화와 번영의 세상에서는 본의 아니게 필요에 쫓기는 일이 없으므로 도시도 사람도 더 나은 생각을 가질 수 있다. 그러나 일상의 안락과 필수품을 빼앗는 전쟁은 '냉혹한 스승'이고, 대부분 사람의 열정을 주어진 순간의 상황에 맞춘다."[1)]

우리는 지금 전쟁을 마주하고 있다. 우리를 오랜 평화의 잠에서 깨워놓은 우크라이나전쟁은 그동안 잊었던 투키디데스의 인식을 더욱 선명하게 되살린다. 전쟁의 참상이 아무리 끔찍하고 참혹할지라도 인간의 본성이 같은 한 과거에 일어난 전쟁은 미래에도 언제나 일어나게 마련이다. 전쟁의 교훈은 전쟁이 언제든 또 어디에서든 일어날 수 있다는 사실이다.

전쟁의 상황에서 모호한 입장이 치명적인 것처럼, 우크라이나전쟁에 대한 애매한 태도는 도움이 되지 않는다. 우리는 분명하게 말해야 한다. 생과 사를 결정하는 전쟁이 우리에게 요구하는 것은 위험에 직면하여 모든 것을 말할 수 있는 용기다. 철학자는 본래 진실을 말해야 하는 용기와 의무가 있다는 오랜 편견 때문일까. 사람들은 우크라이나전쟁에 관한 철학자들의 목소리를 듣고 싶어한다.

왜 그런 것일까? 전쟁이 아무리 냉혹하고 잔인하고 폭력적이라도 우리에게 무엇인가를 가르친다고 투키디데스가 말한 것처럼, 철학자는 전쟁에 관한 중립적이고 보편적인 지식을 가지고 있는 것일까? 미리 분명하게 밝히자면, 철학자는 그런 인식의 특권을 갖고 있지 않다. 거의 모든 사람은 전쟁의 무자비한 현실에 대처하느라 이성을 잃어버리는 경향이 있다. 전쟁의 이런 특성에서 철학자도 예외는 아니다. 철학자도 긴박한 상황 속에서 어떤 선택을 하기 위해 정보를 구하고 어쩔 수 없이 어느 편을 정해야 하는 평범한 시민이다. 그러므로 전쟁에 관해 목소리를 높이는 철학자들은 대개 전장에서 멀리 떨어져 있거나 참전의 위험에 노출되지 않아 비교적 객관적인 판단을 내릴 수 있다고 생각하는 사람들이다. 그것은 결국 평화 속에서 전쟁을 논하는 것과 다를 바 없다.

투키디데스는 전쟁의 한복판에서 전쟁을 성찰한 사람이다. 그는 평화의 시기에 우리가 교훈을 얻을 수 있는 것과 전쟁으로부터 배울 수 있는 것은 다르다고 전제한다. 평화 시기의 교훈은 주로 '평화의 조건'에 집중된다. 펠로폰네소스전쟁 이전의 아테네와 스파르타 사이의 평화는 결코 우연이 아니었다. 그것은 평화 협약의 결과였다. 평화가 가르쳐준 것은 주로 법의 교훈이었다. 법은 평화를 시작하고 유지한다. 법의 준수는 정의의 기준을 정의한다.

그러나 전쟁은 법을 어기는 것이 특징이다. 전쟁에서는 사느냐 죽느냐에 대한 염려가 옳고 그름에 대한 염려를 압도하기 때문에 법은 전시에 구제책을 제공할 수 없다. 그렇다면 전쟁의 교훈은 무엇인가? "전쟁은 냉혹한 스승이다. 전쟁은 사람들에게 폭력적 행위를 가르쳐줄 뿐만 아니라 폭력에 관해 가르치고, 그렇게 함으로써 진리에 관해 가르친다."[2] 무엇에 관한 진리인가? 설령 전쟁 당사자들이 법을 포기하더라도, 그들이 단순히 살인을 즐기고 부당하게 폭력적인 것은 아니다. 투키디데스에 의하면 사람들은 전시에도 여전히 어느 정도는 합리적이다. '전쟁의 이성'이라는 말이 모순적이고 우스꽝스럽게 들릴지 모르지만, 사람들은 전쟁 속에서도 모든 사람에게 보편적인 무언가에 주목하고 호소한다. 평화 시기에 사람들이 '법'에 기댄다면, 전쟁 시기에는 '인간 본성'에 주목한다.

법과 본성의 긴장 관계는 전쟁을 통해 가장 극명하게 드러난다. 투키디데스는 법과 본성을 대립적으로 파악한다. "사람과 도시를 막론하고 그들이 위법행위를 저지르는 것은 인간 본성 때문이고,

이를 막을 수 있는 법률은 없다. (…) 인간 본성이 뭔가 하기를 바랄 때 법의 힘이라든가, 뭔가 다른 제약으로 그 행위를 회피할 수 있다고 생각하는 사람이야말로 단순하고 또 크게 모자라는 사람이라고 할 수 있다."[3] 법이 평화를 보장하는 시기에는 인간 본성이 억압되지만, 법과 본성 사이의 긴장은 완전히 제거될 수 없다. 전쟁 시기에는 법을 어기는 본성이 너무나 대담해서 그것을 압도하기에는 법의 힘이 항상 너무 약하다.

우크라이나전쟁을 마주한 철학자들이 물론 인간 본성이라는 보편적 문제를 다루지는 않는다. 전쟁의 긴박한 문제와 필연성이 그것을 허용하지 않는다. 그렇다면 우크라이나전쟁이 우리에게 가르치는 교훈은 무엇인가? 투키디데스가 말하는 '법과 본성의 긴장 관계'는 이 물음에 대한 실마리를 제공한다. 평화를 시작하고 유지하는 국제법은 어느 정도의 구속력이 있는가? 법을 어긴 전쟁 도발 국가와 어떻게 다시 평화의 법적 관계를 구축할 수 있는가? 이 물음에 답하려면 우리는 전쟁에 내재한 폭력의 논리를 이해해야 한다.

전쟁은 대체로 법을 어기는 행위다. 우크라이나전쟁을 일으킨 푸틴의 침공이 부당할 뿐 아니라 불법적이라는 사실은 이론의 여지가 없는 것처럼 보인다. '정의로운 전쟁' 이론으로 유명한 마이클 월저(Michael Walzer)의 평가는 간단하고 분명하다. "러시아 전쟁은 독립적이고 자주적인 국가인 이웃에 대한 부당한 공격이다. 그것은 명백히 불법이다. 그리고 이 점이 더욱 중요한데, 그것은 부당하다(unjust). 이 전쟁은 법적으로만이 아니라 도덕적으로도 범죄이기 때문이다."[4] 전쟁을 통해 다른 나라의 사람들을 살상하는 행위도 범죄이지만, 평화롭고 평범한 남녀가 조국을 위해 목숨을 걸고 싸우고 죽도록 강요하는 행위 역시 범죄라는 것이다.

러시아의 우크라이나 침공이 부당하고 불법이라면, 러시아에 대한 우크라이나의 항전은 정당하다. 그렇다면 우크라이나가 막강한 적에 대항하여 마지막 한 명까지 결사항전 하는 것도 과연 정당한가? 우크라이나전쟁은 국가 자체가 절멸할 위험에 직면하여 국민 전체가 애국심으로 동원되는 총력전이다. 전쟁이 계속될수록 쌓여가는 사상자와 파괴되는 도시들의 참혹한 모습을 보면, 우리는 이런 질문을 던지지 않을 수 없다. 우크라이나는 언제까지 결사항전해야 하는가? 우크라이나가 러시아에 대항하여 이기도록 군사적으로 지원하는 것이 과연 정당한가?

전쟁 바깥에서 평화의 조건만을 생각한다면

우리를 딜레마 상황에 빠뜨리는 이 질문은 그 방향을 러시아에서 우크라이나와 서방으로 돌린다. 이러한 시각 전환을 가장 잘 보여주는 사람이 바로 평화주의 사상가 노엄 촘스키이다. 그는 3월 1일 자로 공개된 인터넷 매체 《트루스아웃(Truthout)》과의 인터뷰에서 "우크라이나에 대한 우리의 우선순위는 러시아를 처벌하는 것이 아니라 생명을 구하는 것이어야 한다"[5]라고 주장한다. 그는 전쟁의 한가운데서도 평화의 논리를 견지한다. 범죄적인 러시아 침공을 신속하게 끝내고 우크라이나 희생자를 더 많은 공포로부터 구하기 위해 우리가 할 수 있는 일을 신중하게 생각해야 한다는 것이다.

그의 주장은 자명하고 당연한 것만큼 평범하고 진부하다. 수많은 사람이 죽어나가는 판에 전쟁을 계속하기 위해 더 많은 희생을 요구하기는 쉽지 않다. 그러나 생명과 평화는 쉽게 말할 수 있지만, 그것을 전쟁의 한가운데서 실행하기는 쉽지 않다. 촘스키에 의하면 전쟁을 종료시키는 데는 두 가지 방법이 있다. 하나는 협상을 통한 외교적 해결이고, 다른 하나는 전쟁 당사자 중 어느 한쪽의 완전한 파괴이다. 촘스키는 러시아가 우크라이나를 말살할 수 있는 능력이 있으며, 또 푸틴이 막다른 골목에 이르면 이를 사용할 수 있다고 믿는다. 이 경우 파괴되는 것은 러시아가 아니라 우크라이나다.

촘스키는 한 걸음 더 나아가 푸틴을 "정신 나간 미친 사람" 또는 전쟁광으로 모는 감정적 대응을 경계하면서, 우크라이나를 나토로 끌어들이려 했던 미국이 모든 문제의 근본 원인이라고 주장한다. 촘스키가 선호하는 외교적 해결은 러시아의 우크라이나 침공 이전에 푸틴 대통령이 언급했던 러시아 안보 문제에 대한 협상에 달려 있다. 따라서 우크라이나에서 더 많은 생명을 구하기 위해서는 푸틴을 막다른 골목으로 몰아넣기보다는 오히려 그에게 탈출구를 주어야 한다는 것이다. 핵 위협까지 서슴지 않는 푸틴을 처벌하려 하면 그것이 곧 제3차 세계대전의 위험을 자초하는 결과를 가져올 수도 있다. 그렇다면 우크라이나는 미래의 더 폭력적인 대전쟁을 막기 위해 러시아가 점령한 지역을 자발적으로 내줘야 하는가? 유럽 지역 또는 세계의 핵전쟁을 막는다는 명분으로 한 국가와 그 국민의 희생을 요구하는 것은 과연 정당한가? 물론 전쟁 중에도 외교적 협상은 계속되어야 하지만, 이 질문은 협상의 결과와 상관없이 여전히 필요하다.

촘스키의 지극히 당연한 주장 속에는 우크라이나가 없다. 나토의 동진 정책이 러시아의 우크라이나 침공을 도발했다며 비판하는 촘스키는 미국과 러시아 같은 강대국들만을 국제정치적 게임 행위자로 파악하고, 우크라이나 같은 독립적이고 자주적인 주권국가의 선택과 의지는 간과하거나 경시하는 것처럼 보인다. 공포의 균형을 통해 평화가 보장된 강대국 내에 살면서, 다시 말해 전쟁의 위협을 직접 받지 않으면서 평화 유지를 위해 강대국의 패권정치를 비판하는 일은 쉽다. 그것은 평화의 시기에 평화의 조건만을 생각하는 것과 다를 바 없다. 그는 부당하게 침공을 당해 목숨을 걸고 싸울 수밖에 없는 다른 국민의 입장은 생각하지 않는다.

긴 평화의 시기에 우리 모두는 탈민족적·탈국가적 '세계인'이었지만, 전쟁이 발발하면 우리는 모두 특정 국가의 시민으로 돌아간다. 이런 점에서 우크라이나전쟁은 멀리 떨어진 지구의 다른 곳에서 발발한 전쟁이 아니다. 프랑스 철학자 에티엔 발리바르가 말한 것처럼 우크라이나전쟁은 "우리가 그들의 편에서 참여해야 하는 그러한 전쟁"이다. 이 전쟁은 "모든 전쟁을 받아들일 수 없고 설령 재앙으로 간주하는 사람들조차도 수동적으로 머물러 있는 것을 선택할 수 없는 그러한 전쟁"이다.[6] 이런 관점에서 보면 그것은 러시아의 침공에 대한 우크라이나의 전쟁일 뿐만 아니라 유럽의 전쟁이다. 왜 푸틴을 반대하는지, 그리고 그 이유는 무엇인지를 분명히 밝혀야 하는 까닭이 여기에 있다.

촘스키는 러시아의 우크라이나 침공을 '불법'이라 말하면서도, 우크라이나 항전의 정당성을 옹호하기보다는 오직 전쟁의 확산을 경계한다. 그는 우크라이나는커녕 유럽에도 있지 않고, 단지 미국에 있다. 그는 오직 평화의 관점에서 전쟁 자체를 비난할 뿐이다. 그는 물론 푸틴과 같은 권위주의적 독재자를 옹호하지 않는다. 그러나 만약 그가 러시아의 현실적인 영향력을 인정하는 현실주의적 입장을 표하면서 동시에 미국과 나토에 모든 책임을 돌린다면, 그는 전쟁으로부터 어떤 교훈도 얻고자 하지 않는 것이다. 마이클 월

저가 정확하게 표현한 것처럼 그는 "실제의 전쟁을 가까이서 냉정하게 보지 않기"[7] 때문이다.

우크라이나는 결사항전 해야 하는가

전쟁을 직접 수행하면서 끔찍한 고통을 당하는 우크라이나인의 관점에서 생각하면 질문의 방향은 다시 바뀐다. 우크라이나는 국가의 독립과 주권을 지키기 위해 마지막 한 명까지 결사항전 해야 하는가? 아니면 국민의 생명을 보호하기 위해 항복하거나 타협해야 하는가? 국가를 위해 희생하는 게 영웅적일 수 있지만, 국민의 생명을 보호하는 가장 좋은 방법은 영웅적인 죽음을 포기하고 항복하는 것일 수도 있다. 세계 최대 군사 강국 중 하나인 러시아에 대한 항전이 성공할 가능성이 없다고 가정한다면, 마리우폴에서 볼 수 있는 것처럼 항전 자체가 무고한 민간인의 생명을 앗아갈 게 확실하다면 항복하는 것이 바람직할 수도 있다.

우리는 전쟁이 일어났을 때 언제 그리고 왜 최후까지 싸워야 하는지 이해해야 한다.[8] 첫째, 부당하게 침공한 국가에 맞서 최후까지 싸우는 것은 도덕적으로 중요한 목적에 기여한다. 만약 러시아의 부당한 침략을 처벌하지 않는다면 침략자는 미래에도 똑같은 일을 반복할 수 있다. 안전보장이사회에서 거부권을 행사할 수 있는 자리를 차지한 러시아의 푸틴을 국제사법재판소에 세우는 것은 거의 불가능하다. 이런 상황에서 부당한 침략은 그에 상응하는 비용이 따른다는 점을 보여줌으로써 침략자가 미래에 다른 국가를 침략할 가능성을 낮추는 것은 도덕적으로 중요하며 유용하다.

둘째, 항전이 많은 생명의 희생을 요구하더라도 많은 국민이 항전을 요구하거나 지지할 수 있다. 국가의 존립은 실제로 국민의 생명과 권리를 보장하는 데 있어서 핵심적이다. 이탈리아 철학자 조르조 아감벤(Giorgio Agamben)의 용어로 표현하자면, 나라를 잃어버린 무국적자는 오늘날 호모 사케르(homo sacer)로서 누구보다 '벌거벗은 삶'에 노출된다. 이런 이유에서 국민이 결사항전을 결정했다면 전쟁의 필연적 희생이 사망한 민간인의 권리를 침해하지 않는다. 물론 모든 국민이 동의하지 않을 수도 있고, 또 그런 동의가 무기한이 아닐 수도 있다. 그렇지만 국가가 소멸할 긴박한 상황에 직면하여 일정 기간 생명과 신체의 위험을 감수할 용의가 있다면, 항전은 정당하다고 할 수 있다.

셋째, 결사항전은 생명보다 더 중요한 도덕적 가치가 있다는 것을 표현한다. 단순한 생존에 내몰린 삶이 동물적 삶이라면, 인간은 품위와 존엄을 지키기 위해 때로는 생명까지 불사한다. 여기서 중요한 도덕적 가치는 '자존감(Self-respect)'이다. 우리는 일상생활에서도 자존감이 심각하게 훼손되었을 때 폭력적 수단에 의지하려는 경향이 있다. 설령 진다고 하더라도 싸우는 이유는 자존감 때문이다. 존 롤스(John Rawls)가 《정의론》에서 인간에게 "가장 중요한 기본 선(善)은 '자존감'"이라고 말한 것처럼, 내가 속한 국가가 지향하는 가치에 대한 감각과 확신은 국제관계에서도 매우 중요하다.[9] 러시아의 압제에 굴복한다는 전망이 우크라이나 국민의 자존감과 자기 존중을 심각하게 훼손한다면, 항전은 그 자체로서 중요한 의미를 가진다.

우크라이나전쟁은 많은 윤리적 질문을 제기하지만, 그에 대한 대답은 종종 딜레마에 빠진다. 평화와 전쟁, 법과 본성 사이의 긴장관계가 딜레마를 초래한다. 평화를 추구하면서 어떻게 동시에 전쟁을 지지할 수 있는가? 전쟁이 현실인 상황에서 어떻게 평화의 조건을 만들 수 있는가? 평화를 만들기 위해 전쟁할 수밖에 없다는 현실적 논리는 '국민의 생명을 보호하기 위해 얼마나 많은 생명의 희생을 감수할 수 있는가?'라는 질문을 제기한다. 이 질문에 대한 답은 물론 생명의 위험을 무릅쓰는 사람의 관점에서 이뤄져야 한다. 전쟁의 바깥에서는 손쉽게 평화를 주장할 수 있지만, 전쟁의 안에서는 생명에 관한 본질적 문제가 제기되기 때문이다. 우리는 무엇을 위해 살아야 하는가?

전쟁의 딜레마를 해결할 방법은 있는가

많은 지식인은 러시아의 침공에 대한 도덕적 분노가 사태를 악화시켜 자칫 제3차 세계대전을 유발할 수 있다고 경고한다. 핵전쟁의 위협이 현실로 다가왔기 때문이다. 독일 철학자 위르겐 하버마스(Jürgen Habermas)는 한 일간지에 기고한 글 〈전쟁과 분노〉에서 핵전쟁의 가능성에 의해 만들어진 딜레마 상황을 정확하게 지적한다.[10] 그는 이제까지 평화주의를 추구했던 녹색당과 자민당이 도덕적 자신감으로 무장하고 우크라이나에 대한 적극적 군사지원을 주장하는 데 낯설어한다. 그는 사민당 출신 독일 총리 올라프 숄츠(Olaf Scholz)의 사려 깊고 신중한 태도에 대해 분개하는 젊은 세대의 도덕적 자신감이 자신을 혼란스럽게 만든다고 고백한다.

무엇이 하버마스를 혼란스럽게 만드는 것일까? 러시아의 침공이 불러일으킨 분노와 우크라이나에 대한 공감은 정당하고 자명하다. 이 시기에 전쟁에 대한 도덕적 분노는 정치의 기준이 된다. 전후 규범적 문제에 있어 예민한 감수성을 교육받은 젊은 세대는 평화주의적 환상에서 벗어나 전쟁이라는 완전히 새로운 현실을 경험하는 것처럼 보인다. 독일에서 '시대전환(Zeitenwende)'으로 불리는 정치적 패러다임의 전환은 역사적으로 동시대적이지 않은 두 가지 사고방식의 충돌이라고 하버마스는 진단한다. 젊은 세대는 우크라이나에 공감하며 적극적 군사지원을 통해 러시아를 응징해야 한다고 주장하는데, 기성세대는 연방정부의 신중한 태도를 지지한다. 우크라이나전쟁에 대한 도덕적 분노의 "아이콘"이 된 독일의 외무부장관 아날레나 베어보크(Annalena Baerbock)가 1980년생으로 젊은 세대를 대변한다면, 독일 총리 올라프 숄츠는 기성세대를 대변한다.

그렇다면 기성세대는 현실주의자이고, 젊은 세대는 도덕적 이상주의자인가? 아니면, 기성세대는 외교적 협상을 우선시하는 평화주의자이고, 젊은 세대는 도덕적 가치를 위해 군사력 사용을 인정하는 도덕적 현실주의자인가? 이 물음에 대한 답은 우크라이나전쟁이 설치해놓은 딜레마와 관련이 있다. 딜레마를 구성하는 한 주장은 "핵보유국과의 어떤 전쟁도 이성적 의미에서 승리할 수 없다"라는 것이고, 다른 하나는 "서방은 이러한 비대칭성에도 불구하고 푸틴이 마음대로 협박하도록 내버려둘 수 없다"라는 점이다. 전쟁을 경험한 기성세대는 핵전쟁에는 승자가 있을 수 없다는 사실을 잘 알고 있기 때문에 군사적 대응에 신중할 수밖에 없다는 것이다.

이 주장에 대해 이론을 제기할 사람은 없다. 문제는 전쟁 확산 여부가 푸틴이 우크라이나에 대한 서방의 군사적 지원에 대해 언제 공식적 참전으로 판단하고 규정하는가에 달려 있다는 점이다. 푸틴이 러시아의 안보가 위협을 받아 우크라이나를 침공했다고 주장하는 것처럼, 무엇이 러시아의 안보를 심각하게 침해하는지, 또 공식적 참전의 경계선이 어디에 있는지를 결정하는 것은 푸틴이다. 이런 맥락에서 하버마스는 러시아가 참전의 임계선을 규정하는 권력(definition power)을 가지고 있다고 말한다.

이러한 상황 인식은 올라프 숄츠 독일 총리의 말에서 잘 표현된다. "우리는 러시아가 우크라이나에 저지른 불의에 대해 모든 수단을 동원해 맞설 것입니다. 그러나 대륙 전체에, 어쩌면 전 세계에서 헤아릴 수 없는 불행을 초래할 통제할 수 없는 확대가 발생해서는 안 됩니다." 러시아의 우크라이나 침공은 부당하지만 이에 대한 항전이 핵전쟁으로 비화할 수 있는 세계대전으로 확대되어서는 안 된다는 것이다. 여기서도 자제를 강요받는 측은 침략을 당한 측이다. 우리는 러시아를 비롯한 어떤 국가에 의해서도 협박을 당해서는 안 된다. 하버마스는 "서방이 우크라이나를 운명에 내맡긴다면 그것은 정치적·도덕적 관점에서 스캔들일 뿐 아니라 자신의 이익에도 부합하지 않을 것"이라고 주장한다. 우리는 "우크라이나가 져서는 안 된다는 목표"를 실천할 방법을 신중하게 모색해야 한다는 것이다. 전쟁의 딜레마를 해결할 건설적 방법을 찾는 일이 그 방법일 것이다. 그러나 그 방법이 어떤 것이든 하버마스는 변하지 않는 하나의 진실을 이렇게 말한다. "자신의 사회적·정치적 삶의 방식이 외부에 의해 불안정하게 되거나 내부로부터 공동화되기를 바라지 않는 유럽연합은 군사적으로 두 발로 설 수 있는 경우에만 정치적으로 행동할 수 있다."

우리는 우크라이나전쟁이 어떻게 끝날지, 그리고 어떤 결과를 가져올지 모른다. 1945년 이래 긴 평화의 시기에 우리는 핵전쟁으로 인류가 멸망할 수 있다는 인식 아래 국제적 갈등은 근본적으로 외교와 제재를 통해서만 해결되어야 한다는 '평화주의'를 형성했다. 시간이 흐를수록 우리는 이러한 평화주의가 20세기 후반 동안 미국의 핵우산 아래에서 만들어졌다는 사실을 잊었는지도 모른다. 평화는 실제로 전쟁이 가져온 공포의 균형이었다. 우리는 우크라이나전쟁을 통해 이러한 사실과 맞닥뜨린 것이다.

우리는 평화를 원하지만, 그것이 어떤 대가를 치르고라도 평화를 원하는 근본주의적 평화주의는 아니다. 우리는 파괴의 야만적 전쟁을 반대하고 또 전쟁이 일단 발생하면 가능한 한 빠른 종료를 원하지만 그렇다고 단순한 생존을 위해 우리가 고귀하게 생각하는, 정치적으로 자유로운 실존을 희생할 생각은 없다. 투키디데스의 말처럼 전쟁은 냉혹한 스승이다. 그것은 폭력에 관한 진리를 폭로함으로써 인간 본성에 관한 성찰을 촉구하기 때문이다.

주

1장 우크라이나전쟁, 세계를 분열하다

1) 독일 정치학자 헤어프리트 뮌클러 교수는 독일 주간지 〈디 차이트(Die Zeit)〉와의 대담에서 "군사적 관점에서 보면 모든 것이 며칠 안에 끝날 수 있다"라고 예측했다. Herfried Münkler, "Die Ukraine ist verloren", *Die Zeit*, Februar 24, 2022, 〈https://www.zeit.de/kultur/2022-02/herfried-muenkler-ukraine-russland-geopolitik〉.

2) Graham Allison, *Destined for War: Can America and China Escape Thucydides's Trap?* (Boston/New York: Houghton Mifflin Harcourt, 2017). vii. 한국어판: 그레이엄 앨리슨,《예정된 전쟁: 미국과 중국의 패권경쟁, 그리고 한반도의 운명》, 정혜윤 옮김, 세종서적, 2018, 6쪽.

3) Graham Allison, "The Thucydides Trap", *Foreign Policy*, June 9, 2017, 〈https://foreignpolicy.com/2017/06/09/the-thucydides-trap/〉.

4) NIall Ferguson, "Seven Worst-Case Scenarios From the War in Ukraine", *Bloomberg*, April 3, 2022, 〈https://www.bloomberg.com/opinion/articles/2022-04-03/niall-ferguson-7-worst-case-scenarios-from-putin-s-ukraine-war/〉.

5) Kenneth Pomeranz, *The Great Divergence. China, Europe, and the Making of the Modern World* (Princeton and Oxford: Princeton University Press, 2000)를 참조.

6) Anne Applebaum, *Between East and West. Across the Borderlands of Europe* (New York: Anchor Books, 2017), p. xv.

7) 이에 관해서는 잭 웨더포드,《칭기즈칸, 잠든 유럽을 깨우다》, 정영목 옮김, 사계절, 2005, 234쪽을 참조.

8) 역사가 매슈 패리스는 서유럽에 남아 있는 가장 오래된 연대기에서 1240년 몽골군을 언급하면서, 그들을 "엄청난 떼로 밀려오는 혐오스러운 사탄의 종족"이며 "타르타로스에서 풀려난 악마들 같다"라고 묘사했다. Matthew Paris, *Matthew Paris's English History from the Year 1235 to 1273*, Vol. 1 (New York: AMS Press, 1968), p. 314, 지옥을 가리키는 그리스 말 '타르타로스'와 연결하려는 의도 때문이었는지 패리스는 몽골인을 타타르강 출신이기 때문에 타타르라고 부른다는 정확하지 않은 기록을 남긴다. 헝가리인 살육을 생생하게 기록한 스팔라토는 몽골을 "타타르의 역병(de Peste Tartorum)"이라고 부른다. James Ross Sweeney, "Thomas Spalato and the Mongols," *Florilegium: Archives of Canadian Society of Medievalists*, 12(1980). 아시아와 아시아인에 대한 '황색 공포'의 신화가 만들어지는 순간이다.

9) Charles J. Halperin, *Russia and the Golden Horde* (Bloomington, IN: Indiana University Press, 1985); Paul Harrison Silfen, *The Influence of the Mongols on Russia* (Hicksville, NY: Exposition Press, 1974); Robert E. Bedeski, "Mongol Foundations of the Russian State:

Space, Life Security, Sovereignty and War from the Golden Horde to the Civil War", REECAS conference, Reed College, Portland OR, April 1, 2017.
10) Okada Hidehiro, "China as a Successor State to the Mongol Empire", Reuven Amitai-Preiss and David O. Morgan(eds.), *The Mongol Empire and Its Legacy* (Leiden: Brill, 1999), p. 260.
11) Timothy Snyder, *Bloodlands: Europe between Hitler and Stalin* (New York: Basic Books, 2010). 한국어판: 티머시 스나이더, 《피에 젖은 땅: 스탈린과 히틀러 사이의 유럽》, 함규진 옮김, 글항아리, 2021, 6쪽.

2장 전쟁 또한 정치적 수단이다

1) Carl von Clausewitz, *On War*, edited and translated by Michael Howard and Peter Paret (Princeton, New Jersey: Princeton University Press, 1989), p. 87.
2) Carl von Clausewitz, *On War*, 같은 책, 87쪽.
3) Francis Fukuyama, "The End of History?", *The National Interest*, No. 16, 1989, pp. 3-18에서 p. 3. Francis Fukuyama, *The End of History and the Last Man* (New York: Free Press, 1992).
4) 프랜시스 후쿠야마는《자유주의와 그 불만》에서 자유주의를 위협하는 최근의 경향을 집중적으로 분석한다. 자유주의는 우파의 포퓰리즘과 진보적 좌파의 정체성 정치를 통해 좌우에서 협공을 받고 있다. Francis Fukuyama, *Liberalism and Its Discontents* (New York: Farrar, Straus and Giroux, 2022).
5) Franics Fukuyama, "We could be facing the end of 'the end of history'", *The New Statesman*, March 30, 2022, 〈https://www.newstatesman.com/encounter/2022/03/francis-fukuyama-on-the-end-of-the-end-of-history〉.
6) Ivan Krăstev, "Jetzt beginnt eine neue Geschichte", *Die Zeit*, March 3, 2022, 〈https://www.zeit.de/2022/10/krieg-europa-ukraine-russland-geschichte〉.
7) Tony Judt, *Postwar: A History of Europe Since 1945* (Penguin Books, 2006).
8) Ivan Krăstev, "Jetzt beginnt eine neue Geschichte", *Die Zeit*, March 3, 2022.
9) Richard Overy, *Blood and Ruins: The Last Imperial War, 1931-1945* (New York: Viking, 2022). 이에 관해서는 Stephen Kotkin, "The Cold War Never Ended. Ukraine, the China Challenge, and the Revival of the West", *Foreign Affairs*, May/June 2022를 참조할 것, 〈https://www.foreignaffairs.com/reviews/review-essay/2022-04-06/cold-war-never-ended-russia-ukraine-war?utm_medium=newsletters&utm_source=fatoday&utm_campaign=The퍼센트20Cold퍼센트20War퍼센트20Never퍼센트20Ended&utm_content=20220408&utm_term=FA퍼센트20Today퍼센트20-퍼센트20112017〉.

10) Steven Pinker, *The Better Angels of Our Nature. Why Violence Has Declined* (New York: Viking, 2011), p. xxi. 한국어판: 스티븐 핑커,《우리 본성의 선한 천사》, 김명남 옮김, 사이언스북스, 2014.

11) Steven Pinker, *The Better Angels of Our Nature*, 같은 책, 189-337쪽.

12) Robert Jervis, "The political effects of nuclear weapons: A Comment", *International Security*, Vol. 13, No. 2, 1988, pp. 80-90에서 80쪽.

13) Steven Pinker, *The Better Angels of Our Nature*, 같은 책, 249쪽.

14) Steven Pinker, *The Better Angels of Our Nature*, 같은 책, 377쪽.

15) Niall Ferguson, "Seven Worst-Case Scenarios From the War in Ukraine", *Bloomberg*, April 3, 2022, 〈https://www.bloomberg.com/opinion/articles/2022-04-03/niall-ferguson-7-worst-case-scenarios-from-putin-s-ukraine-war〉. Lewis Fry Richardson, *Arms and Insecurity*, Nicolas Rashevsky and Ernesto Trucco, eds. (Pittsburgh: Boxwood Press, 1960). Lewis Fry Richardson, *Statistics of Deadly Quarrels*, Quincy Wright and Carl Lienau, eds. (Pittsburgh: Boxwood Press, 1960). 리처드슨의 이론에 관해서는 G. D. Hess, "An Introduction to Lewis Fry Richardson and His Mathematical Theory of War and Peace", *Conflict Management and Peace Science*, Vol. 14, No. 1 (1995), pp. 77-113을 참조할 것.

16) Aaron Clauset, "Trends and fluctuations in the severity of interstate wars", *Science Advances*, Vol. 4 (2018), 〈https://www.science.org/doi/pdf/10.1126/sciadv.aao3580〉.

17) Niall Ferguson, "Seven Worst-Case Scenarios From the War in Ukraine", *Bloomberg*, April 3, 2022.

18) Ian Morris, *War! What Is It Good For? Conflict and the Progress of Civilization from Primates to Robots* (New York: Farrar, Straus and Giroux, 2014). 한국어판: 이언 모리스,《전쟁의 역설》, 김필규 옮김, 지식의날개, 2015.

19) 이언 모리스,《전쟁의 역설》, 같은 책, 9쪽.

20) 이언 모리스,《전쟁의 역설》, 같은 책, 23쪽.

21) 이언 모리스,《전쟁의 역설》, 같은 책, 98쪽.

22) 이언 모리스,《전쟁의 역설》, 같은 책, 265쪽.

23) 이언 모리스,《전쟁의 역설》, 같은 책, 619쪽.

3장 위대한 철학자들의 전쟁론과 평화론

1) G. W. F. Hegel, *Grundlinien der Philosophie des Rechts, Werke in zwanzig Bänden*, Bd. 7 (Frankfurt am Main: Suhrkamp, 1970), p. 26. 한국어판: 헤겔,《법철학 I》, 임석진 옮김, 지식산업사, 1989, 34쪽.

2) 한나 아렌트, 《혁명론》, 홍원표 옮김, 한길사, 2004, 73쪽.
3) 한나 아렌트, 《혁명론》, 같은 책, 81쪽.
4) 한나 아렌트, 《혁명론》, 같은 책, 95쪽.
5) 한나 아렌트, 《혁명론》, 같은 책, 81쪽.
6) Steven Pinker, *The Better Angels of Our Nature*, 같은 책, 167-168쪽.
7) Immanuel Kant, *Zum ewigen Frieden. Ein philosophischer Entwurf, in Werke in zehn Bänden*, Bd. 9 (Darmstadt: Wissenschaftliche Buchgesellschaft, 1983), p. 195. 한국어판: 이마누엘 칸트, 《영원한 평화를 위하여》, 이한구 옮김, 서광사, 1992, 11쪽.
8) I. Kant, "Mutmasslicher Anfang der Menschengeschichte", in *Werke in zehn Bänden*, Bd. 9, 같은 책, p.92. 한국어판: 이마누엘 칸트, 〈추측해본 인류 역사의 기원〉, 《칸트의 역사철학》, 이한구 편역, 서광사, 1992, 75-94쪽에서 83쪽.
9) I. Kant, "Mutmasslicher Anfang der Menschengeschichte", 같은 책, 99쪽. 이마누엘 칸트, 〈추측해본 인류 역사의 기원〉, 같은 책, 91쪽.
10) I. Kant, "Mutmasslicher Anfang der Menschengeschichte", 같은 책, 99-100쪽. 이마누엘 칸트, 〈추측해본 인류 역사의 기원〉, 같은 책, 92쪽.
11) Immanuel Kant, *Zum ewigen Frieden. Ein philosophischer Entwurf*, 같은 책, 196-202쪽. 한국어판: 이마누엘 칸트, 《영원한 평화를 위하여》, 같은 책, 13-21쪽.
12) I. Kant, "Beantwortung der Frage: Was ist Aufklärung?", in *Werke in zehn Bänden*, Bd. 9, 같은 책, 59쪽. 한국어판: 이마누엘 칸트, "계몽이란 무엇인가에 대한 답변", 《칸트의 역사철학》, 이한구 편역, 서광사, 1992, 13-22쪽에서 19쪽.
13) Immanuel Kant, *Zum ewigen Frieden. Ein philosophischer Entwurf*, 같은 책, 203쪽. 한국어판: 이마누엘 칸트, 《영원한 평화를 위하여》, 같은 책, 23쪽.
14) Immanuel Kant, *Zum ewigen Frieden. Ein philosophischer Entwurf*, 같은 책, 204쪽. 한국어판: 이마누엘 칸트, 《영원한 평화를 위하여》, 같은 책, 25쪽.
15) Immanuel Kant, *Zum ewigen Frieden. Ein philosophischer Entwurf*, 같은 책, 206쪽. 한국어판: 이마누엘 칸트, 《영원한 평화를 위하여》, 같은 책, 27쪽.
16) Immanuel Kant, *Zum ewigen Frieden. Ein philosophischer Entwurf*, 같은 책, 211쪽. 한국어판: 이마누엘 칸트, 《영원한 평화를 위하여》, 같은 책, 34쪽.
17) Immanuel Kant, *Zum ewigen Frieden. Ein philosophischer Entwurf*, 같은 책, 212쪽. 한국어판: 이마누엘 칸트, 《영원한 평화를 위하여》, 같은 책, 35쪽.
18) Immanuel Kant, *Zum ewigen Frieden. Ein philosophischer Entwurf*, 같은 책, 203쪽. 한국어판: 이마누엘 칸트, 《영원한 평화를 위하여》, 같은 책, 23쪽.
19) Immanuel Kant, *Zum ewigen Frieden. Ein philosophischer Entwurf*, 같은 책, 216쪽. 한국어판: 이마누엘 칸트, 《영원한 평화를 위하여》, 같은 책, 40쪽.
20) 전쟁과 평화에 관한 해석에서 칸트와 헤겔의 차이는 Vadym Tytarenko, "War and Peace in Kant's and Hegel's Consideration," *Philosophy and Cosmology*, Volume 22, 2019, pp. 181-

187를 참조할 것.

21) G. W. F. Hegel, *Vorlesungen über die Philosophie der Geschichte*, Theorie-Werkausgabe Bd. 12 (Frankfurt am Main: 1970), p. 32.

22) G. W. F. Hegel, *Die Verfassung Deutschlands*, Theorie-Werkausgabe, Bd. 1 (Frankfurt am Main: Suhrkamp, 1971), p. 461.

23) G. W. F. Hegel, *Die Verfassung Deutschlands*, 같은 책, 462쪽.

24) G. W. F. Hegel, *Grundlinien der Philosophie des Rechts*, Theorie-Werkausgabe, Bd. 7 (Frankfurt am Main: Suhrkamp, 1970), p. 492. 한국어판: 헤겔, 《법철학 II》, 임석진 옮김, 지식산업사, 1990), 499쪽.

25) G. W. F. Hegel, *Grundlinien der Philosophie des Rechts*, 같은 책. 494쪽. 한국어판: 헤겔, 《법철학 II》, 같은 책, 502쪽.

26) G. W. F. Hegel, *Grundlinien der Philosophie des Rechts*, 같은 책. 493쪽. 한국어판: 헤겔, 《법철학 II》, 같은 책, 501쪽.

27) 이에 관해서는 Michael Walzer, "The obligation to die for the state", in *Obligations: Essays on disobedience, war, and citizenship* (Cambridge, Mass.: Harvard University Press, 1970); Geoffrey B. Levey, "Judaism and the Obligation to Die for the State", *AJS Review*, Vol. 12, No. 2(1987), pp. 175-203을 참조할 것.

28) G. W. F. Hegel, *Grundlinien der Philosophie des Rechts*, 같은 책, 503쪽. 한국어판: 헤겔, 《법철학 II》, 같은 책, 515쪽.

29) G. W. F. Hegel, *Vorlesungen über die Philosophie der Geschichte*, 같은 책, 49쪽.

30) 이에 관해서는 Steven B. Smith, "Hegel's Views on War, the State, and International Relations," *American Political Science Review*, Volume 77, Issue 3, September 1983, pp. 624-632를 참조할 것.

4장 전쟁은 왜 일어나는가

1) René König, *Niccolo Machiavelli. Zur Krisenanalyse einer Zeitwende* (München/Wien: Carl Hanser Verlag, 1979)를 참조할 것.

2) 니콜로 마키아벨리, 《군주론》, 강정인·김경희 옮김, 제3판 개역본, 까치, 2008, 168쪽.

3) Jacob Burckhardt, *Die Kultur der Renaissance in Italien* (Stuttgart: Kröner, 1976), p. 4

4) G. W. F. Hegel, *Die Verfassung Deutschlands*, 같은 책, 556쪽.

5) 니콜로 마키아벨리, 《군주론》, 제15장, 같은 책, 105쪽.

6) 니콜로 마키아벨리, 《군주론》, 제15장, 같은 책, 105-106쪽.

7) 니콜로 마키아벨리, 《군주론》, 제6장, 같은 책, 44-45쪽.

8) 니콜로 마키아벨리, 《군주론》, 제18장, 같은 책, 121-122쪽.

9) 니콜로 마키아벨리, 《군주론》, 제3장, 같은 책, 29쪽.

10) Friedrich Nietzsche, *Götzen-Dämmerung*, Kritische Studienausgabe in 15 Bänden, Bd. 6 (München: DTV: 1980), p. 156. 프리드리히 니체, 《우상의 황혼》, 니체전집 15, 백승영 옮김, 책세상, 2002, 198쪽.

11) 플라톤 전통과 투키디데스 전통은 각각 '이성'과 '권력'의 개념으로 대변된다. 이런 점에서 고대 철학에서 근대 철학으로의 이행은 '이성의 권력'에서 '권력의 이성'으로 패러다임이 전환된 것으로 해석할 수 있다. 이에 관해서는 Jin-Woo Lee, *Macht und Vernunft im politischen Denken Machiavellis* (Frankfurt am Main · Bern · New York: Peter Lang, 1987)를 참조할 것.

12) 이에 관해서는 Oleg Bazaluk, *The Theory of War and Peace. The Geophilosophy of Europe* (New Castle: Cambridge Scholars Publishing, 2017)을 참조할 것. 저자는 이 책에서 투키디데스 전통을 '데모크리토스' 전통으로 바꿔 부르기도 한다.

13) 투키디데스, 《펠로폰네소스 전쟁사》, 상, 제1권, 제1장, 23, 박광순 옮김, 범우, 2011, 36쪽.

14) 이에 관해서는 Graham Allison, "The Thucydides Trap: Are the U.S. and China Headed for War?", *The Atlantic*, September 25, 2015, 〈https://www.theatlantic.com/international/archive/2015/09/united-states-china-war-thucydides-trap/406756/〉.

15) 성 아우구스티누스, 《하나님의 도성》, 조호연 · 김종흡 옮김, CH북스, 2016, 536쪽.

16) 성 아우구스티누스, 《하나님의 도성》, 제4권, 15장, 같은 책, 243쪽.

17) 성 아우구스티누스, 《하나님의 도성》, 제19권, 7장, 같은 책, 932쪽.

18) David A. Baldwin (ed.), *Neorealism and Neoliberalism: The Contemporary Debate* (New York: Columbia University Press, 1993).

19) Barbara Tuchman, *The Guns of August: The Outbreak of World War I* (New York: Random House, 2014); Barbara Tuchman, *The March of Folly: From Troy to Vietnam* (New York: Random House, 2014). "어리석음의 행진"이라는 책 제목이 말해주는 것처럼 바버라 터크먼은 전쟁과 평화에서 통치자의 지혜와 책임을 강조한다.

20) 그레이엄 앨리슨, 《예정된 전쟁》, 정혜윤 옮김, 세종, 2018, 142쪽.

21) Herfried Münkler, *Über den Krieg. Stationen der Kriegsgeschichte im Spiegel ihrer theoretischen Feflexion* (Weilerswist: Velbrück Wissenschaft, 2002), p. 27.

22) 투키디데스, 《펠로폰네소스 전쟁사》, 상, 같은 책, 36쪽.

23) 투키디데스, 《펠로폰네소스 전쟁사》, 제1권, 제5장, 140/141, 같은 책, 132-133쪽.

24) Herfried Münkler, *Über den Krieg*, 같은 책, 21쪽.

25) 플라톤, 《고르기아스》, 515e, 김인곤 옮김, 이제이북스, 2011, 197쪽.

26) 플라톤, 《고르기아스》, 518e-519a, 같은 책, 202쪽.

27) 플라톤, 《국가 · 정체》, 2권, 372d, 박종현 역주, 서광사, 2005, 155쪽.

28) 플라톤, 《국가 · 정체》, 2권, 373b, 같은 책, 156쪽.

29) 플라톤, 《국가 · 정체》, 2권, 373d-e, 같은 책, 157쪽.

5장 전쟁을 일으킨 푸틴, 전쟁의 의미를 바꾼 젤렌스키

1) 이에 관해서는 Walter Jaeschke, "Die List der Vernunft", *Hegel-Studien*, Vol. 48(2008), pp. 87-102.

2) Vladimir Putin, "On the Historical Unity of Russians and Ukrainians", July 12, 2021, 〈http://en.kremlin.ru/events/president/news/66181〉.

3) 이에 관해서는 티머시 스나이더, 《가짜 민주주의가 온다》, 유강은 옮김, 부키, 2018, 99-100쪽을 참조할 것.

4) Margaret MacMillan, "Leadership at War. How Putin and Zelensky Have Defined the Ukrainian Conflict", *Foreign Affairs*, March 29, 2022, 〈https://www.foreignaffairs.com/articles/ukraine/2022-03-29/leadership-war〉.

5) Hannah Arendt, *Responsibility and Judgment*, ed. Jerome Kohn (New York: Schocken Books, 2003), p. 159.

6) 한나 아렌트, 《예루살렘의 아이히만. 악의 평범성에 대한 보고서》, 김선욱 옮김, 한길사, 2006, 378쪽.

7) "John Mearsheimer on why the West is principally responbsible for the Ukrainian crisis", *The Economist*, Mar 19, 2022, 〈https://www.economist.com/by-invitation/2022/03/11/john-mearsheimer-on-why-the-west-is-principally-responsible-for-the-ukrainian-crisis〉.

8) John J. Mearsheimer, *The Great Delusion: Liberal Dreams and International Realities* (New Haven and London: Yale University Press, 2018). 한국어판: 존 J. 미어샤이머, 《미국 외교의 거대한 환상》, 이춘근 옮김, 김앤김북스, 2020, 28쪽.

9) 존 J. 미어샤이머, 《미국 외교의 거대한 환상》, 같은 책, 30쪽.

10) 존 J. 미어샤이머, 《미국 외교의 거대한 환상》, 같은 책, 29쪽.

11) Alexander Wendt, "Anarchy Is What States Make of It: The Social Construction of Power Politics", *International Organizations*, 46, no. 2 (Spring 1992), p. 408. 존 J. 미어샤이머, 《미국 외교의 거대한 환상》, 같은 책, 319쪽.

12) Robert O. Keohane, *After Hegemony: Cooperation and Discord in the World Political Economy* (Princeton, NJ: Princeton University Press, 1984).

13) Stephen Kotkin, "The Cold War Never Ended. Ukraine, the China Challenge, and the Revival of the West", *Foreign Affairs*, May/June 2022.

6장 러시아의 유라시아주의와 지정학적 혁명

1) 티머시 스나이더, 《가짜 민주주의가 온다》, 같은 책, 121쪽.

2) Charles Glover, *Black Wind, White Snow. The Rise of Russia's New Nationalism* (New Haven and London: Yale University Press, 2016), p. 4.

3) Charles Glover, *Black Wind, White Snow*. 같은 책, 15쪽.

4) 티머시 스나이더,《가짜 민주주의가 온다》, 같은 책, 123쪽.

5) Charles Glover, *Black Wind, White Snow*. 같은 책, 52쪽.

6) 티머시 스나이더,《가짜 민주주의가 온다》, 같은 책, 124쪽.

7) Ivan A. Ilyin, *Die Philosophie Hegels als kontemplative Gotteslehre* (Bern: A. Francke Verlag, 1946), pp. 312-316.

8) "A World Disrupted: The Leading Global Thinkers of 2014", *Foreign Policy* (2014), 〈http://globalthinkers.foreignpolicy.com/agitators/detail/dugin〉.

9) 이에 관해서는 Michael Millerman, "Alexander Dugin's Heideggerianism", *International Journal of Political Theory*, Vol. 3, No. 1 (2018).

10) Isaiah Berlin, "Two Concepts of Liberty", in *Four Essays on Liberty* (Oxford/New York: Oxford University Press, 1969), p. 119.

11) 이에 관해서는 티머시 스나이더,《가짜 민주주의가 온다》, 같은 책, 40쪽을 참조할 것.

12) Marlene Laruelle, "Alexander Dugin and Eurasianism", in Mark Sedgwick (ed.), *Key Thinkers of the Radical Right* (Oxford: Oxford University Press, 2018), p. 155.

13) Paul Ratner, "The Most Dangerous Philosopher in the World", *Big Think* (2016. 12. 18), 〈https://bigthink.com/paul-ratner/the-dangerous-philosopher-behind-putins-strategy-to-grow-russian-power-at-americas-expense〉.

14) 이에 관해서는 티머시 스나이더,《가짜 민주주의가 온다》, 같은 책, 131쪽을 참조할 것.

15) Michael Millerman, "Theory Talk : Alexander Dugin on Eurasianism, the Geopolitics of Land and Sea, and a Russian Theory of Multipolarity", *Theory Talks* (2014. 7. 12), 〈http://www.theory-talks.org/2014/12/theory-talk-66.html〉.

16) Charles Glover, *Black Wind, White Snow*. 같은 책, 12쪽.

17) Aleksandr Dugin, *Osnovy geopolitiki: Geopoliticheskoe budushchee Rossii* (Moscow: Arktogeya, 1997), p. 216. John B. Dunrop, "Aleksandr Dugin's Foundations of Geopolitics", *Demokratizatsiya*, *The Journal of Post-Soviet Democratization*. Institute for European, Russian and Eurasian Studies (George Washington University), 12(1), Jan 31, 2004: 41 에서 재인용.

18) Charles Glover, *Black Wind*, White Snow. 같은 책, 1-2쪽.

19) Nicholas V. Riasanovsky and Mark D. Steinberg, *A History of Russia* (New York: Oxford University Press, 2000), p. 57.

20) Anton Shekhovtsov, "The Palingenetic Thrust of Russian Neo-Eurasianism: Ideas of Rebirth in Aleksandr Dugin's Worldview", *Totalitarian Movements and Political Religions*, 9(4), 2008, pp. 491-506.

21) Aleksandr Dugin, "Fashizm – bezgranichny i krasny," available at: 〈http://www.my.arcto.ru/public/templars/arbeiter.htmfash〉 (last accessed) July 29, 2007). Translated into English by Andreas Umland and published in Roger Griffin, Werner Loh and Andreas Umland (eds), *Fascism Past and Present, West and East: An International Debate on Concepts and Cases in the Comparative Study of the Extreme Right* (Soviet and Post-Soviet Politics and Society, Vol. 35) (Stuttgart, 2006), pp. 505-510.

22) Charles Glover, *Black Wind, White Snow*. 같은 책, 16-17쪽.

23) '공간적 전환(spatial turn)'이라는 용어에 관해서는 Thomas Zeller, "The Spatial Turn in History", *Bulletin of the GHI* (German Historical Institute), 35, 2004, pp. 123 – 124를 참조할 것.

24) Charles W. J. Withers, "Place and the 'Spatial Turn' in Geography and in History," *Journal of the History of Ideas*, Vol. 70, No. 4 (Oct., 2009), pp. 637-658에서 p. 634.

25) Halford J. Mackinder "The geographical pivot of history", *The Geographical Journal*, Vol. 23, No. 4, 1904. pp. 421-437. *The Geographical Journal*, Vol. 170, No. 4, 2004, pp. 298-321에 재수록.

26) Halford J. Mackinder, *Democratic Ideals and Reality. A Study in the Politics of Reconstruction* (Washington DC: National Defense University Press, 1996), p. 106.

27) Halford J. Mackinder, *Democratic Ideals and Reality*, 같은 책, 94-97쪽.

28) Halford J. Mackinder, "The Round World and the Winning of the Peace", *Foreign Affairs*, Vol.21, No.4 (1943), pp. 595-605.

29) Nick Megoran and Sevara Sharapova (eds), *Central Asia in International Relations: The Legacies of Halford Mackinder* (London: Hurst, 2013), pp. 69-90: "Imperialism and the Heartland."

30) 티머시 스나이더,《가짜 민주주의가 온다》, 같은 책, 164-165쪽.

31) Gerry Kearns, *Geopolitics and Empire: The Legacy of Halford Mackinder* (Oxford: Oxford University Press, 2009), ch. 1.

32) Colin Flint, "Introduction: Geography of War and Peace", in Colin Flint (ed), *Geography of War and Peace* (New York and Oxford: Oxford University Press, 2004), p. 4.; Nicholas John Spykman, *America's Strategy in World Politics: The United States and the Balance of Power* (New York: Harcourt, 1942).

33) Nicholas J. Spykman, *The Geography of the Peace* (New York: Harcourt, 1944), p. 43.

7장 우크라이나전쟁은 제3차 세계대전의 서막인가

1) Ian Goldin and Mike Mariathasan, *The Butterfly Defect. How Globalization Creates Systemic*

Risks, and What We Can Do about it (Princeton and Oxford: Princeton University Press, 2014), p. 3.

2) Ian Goldin and Mike Mariathasan, *The Butterfly Defect*, 같은 책, 같은 곳.

3) Stephen Kotkin, "The Cold War Never Ended. Ukraine, the China Challenge, and the Revival of the West", *Foreign Affairs*, May/June 2022.

4) William Mayborn, "The Pivot to Asia: The Persistent Logics of Geopolitics and the Rise of China", *Journal of Military and Strategic Studies*, Vol. 15, Issue 4, 2014, pp. 76-101.

5) Richard Overy, *Blood and Ruins: The Great Imperial War, 1931-1945* (New York: Viking, 2022). p. xii.

6) Richard Overy, *Blood and Ruins: The Great Imperial War*, 같은 책, xiii쪽.

7) Richard Overy, *Blood and Ruins: The Great Imperial War*, 같은 책, 863쪽.

8) Richard Overy, *Blood and Ruins: The Great Imperial War*, 같은 책, 869쪽.

9) William Safire, "The Biggest Vote", *New York Times*, May 18, 2000, 〈https://www.nytimes.com/2000/05/18/opinion/essay-the-biggest-vote.html〉. 그레이엄 앨리슨, 《예정된 전쟁》, 같은 책, 324쪽.

10) Stephen Kotkin, "The Cold War Never Ended. Ukraine, the China Challenge, and the Revival of the West", *Foreign Affairs*, May/June 2022.

11) Herfried Münkler, *Imperien. Die Logik der Weltherrschaft—vom Alten Rom bis zu den Vereinigten Staaten* (Berlin: Rowohlt, 2005), p. 8.

12) Niall Ferguson, *Colossus. The Price of America's Empire* (New York: Penguin, 2004).

13) 투키디데스, 《펠로폰네소스 전쟁사》, 상, 같은 책, 173-176쪽.

14) 투키디데스, 《펠로폰네소스 전쟁사》, 상, 같은 책, 179쪽.

15) Samuel P. Huntington, "The Clash of Civilizations?", *Foreign Affairs*, Summer 1993, p. 22.

16) Samuel P. Huntington, "The Clash of Civilizations?", 같은 책, 25쪽.

17) Samuel P. Huntington, "The Clash of Civilizations?", 같은 책, 27쪽.

18) Samuel P. Huntington, "The Clash of Civilizations?", 같은 책, 25쪽.

19) 존 J. 미어샤이머, 《미국 외교의 거대한 환상》, 같은 책, 31쪽.

20) Samuel P. Huntington, "The Clash of Civilizations?", 같은 책, 41쪽.

21) Samuel P. Huntington, *The Clash of Civilizations and the Remaking of World Order* (New York: Simon & Schuster, 1996), p. 225.

22) 그레이엄 앨리슨, 《예정된 전쟁》, 같은 책, 223쪽.

23) Carl Schmitt, *Der Begriff des Politischen* (Berlin: Duncker & Humblot, 1963), p. 26.

24) Carl Schmitt, *Der Begriff des Politischen*, 같은 책, 28쪽.

25) Samuel P. Huntington, *The Clash of Civilizations and the Remaking of World Order*, 같은 책, 219쪽.

26) 프리드리히 니체, 《차라투스트라는 이렇게 말했다》, 1부, 10: 〈전쟁과 전사에 대하여〉, 이

진우 옮김, 휴머니스트, 2020, 86쪽.

에필로그 전쟁을 마주하는 철학자의 딜레마

1) 투키디데스, 《펠로폰네소스 전쟁사》, 상, 제3권, X, 82, 박광순 옮김, 범우, 2011, 302쪽. "전쟁은 냉혹한 스승이다(War is a violent teacher)." 이 짧은 문장의 뜻이 분명하게 드러나도록 영어와 독일어 번역본을 토대로 다시 번역했다. 한국어판처럼 전쟁이 "폭력을 가르치며"라고 옮기면, 투키디데스의 원뜻이 왜곡될 수 있다. 영어로는 대체로 "a violent teacher" 또는 "a rough master"로 옮기고, 독일어로는 "ein harter Lehrmeister"로 번역한다.
2) Leo Strauss, *The City and Man* (Chicago: The University of Chicago Press, 1978), p. 162.
3) 투키디데스, 《펠로폰네소스 전쟁사》, 상, 제3권, IX, 45, 같은 책, 274-275쪽.
4) Michael Walzer, "Our Ukraine", *Dissent*, March 2, 2022, 〈 https://www.dissentmagazine.org/online_articles/our-ukraine〉.
5) "Chomsky: Our priority on Ukraine should be saving lives, not punishing Russia", Interview War & Peace, by C. J. Polychroniou, *Truthout*, April 20, 2022, 〈https://truthout.org/articles/chomsky-our-priority-on-ukraine-should-be-saving-lives-not-punishing-russia/〉.
6) Étienne Balibar : "Avec ses réfugiés, l'Ukraine est déjà entrée en Europe dans les faits", *Philosophie magazine*, March 22, 2022, 〈https://www.philomag.com/articles/etienne-balibar-avec-ses-refugies-lukraine-est-deja-entree-en-europe-dans-les-faits〉.
7) Michael Walzer, "Our Ukraine", *Dissent*, March 2, 2022, 〈https://www.dissentmagazine.org/online_articles/our-ukraine〉.
8) Saba Bazargan-Forward, "War Ethics and Russia's Invasion of Ukraine", Justin Weinberg, "Philosophers on the Russian Attack on Ukraine", *Daily Nous*, March 2, 2022, 〈https://dailynous.com/2022/03/02/philosophers-on-the-russian-attack-on-ukraine/〉.
9) John Rawls, *A Theory of Justice* (Cambridge, Mass.: The Belknap Press of Harvard University Press, 1971), p. 440. 한국어판: 존 롤스, 《정의론》, 황경식 옮김, 이학사, 2003, 568쪽.
10) Jürgen Habermas, "Krieg und Empörung", *Süddeutsche Zeitung*, April 29, 2022, 〈https://www.sueddeutsche.de/projekte/artikel/kultur/das-dilemma-des-westens-juergen-habermas-zum-krieg-in-der-ukraine-e068321/?reduced=true〉.

전쟁은 일어나지 않는다는 착각

1판 1쇄 발행일 2022년 7월 18일

지은이 이진우

발행인 김학원
발행처 (주)휴머니스트출판그룹
출판등록 제313-2007-000007호(2007년 1월 5일)
주소 (03991) 서울시 마포구 동교로23길 76(연남동)
전화 02-335-4422 **팩스** 02-334-3427
저자·독자 서비스 humanist@humanistbooks.com
홈페이지 www.humanistbooks.com
유튜브 youtube.com/user/humanistma **포스트** post.naver.com/hmcv
페이스북 facebook.com/hmcv2001 **인스타그램** @humanist_insta

편집주간 황서현 **기획** 전두현 **편집** 남미은 **디자인** 김태형
조판 희수com. **용지** 화인페이퍼 **인쇄** 삼조인쇄 **제본** 광현제책사

ISBN 979-11-6080-862-9 03300